我国证券投资基金行为问题研究

李奇泽◎著

知识产权出版社
全国百佳图书出版单位

图书在版编目（CIP）数据

我国证券投资基金行为问题研究/李奇泽著. —北京：知识产权出版社，2015.3
ISBN 978 - 7 - 5130 - 3284 - 1

Ⅰ.①我… Ⅱ.①李… Ⅲ.①证券投资—投资基金—研究—中国 Ⅳ.①F832.51

中国版本图书馆 CIP 数据核字（2015）第 009942 号

内容提要

证券投资基金常常被认为是代表基金投资人利益，进行专业化理财的理性投资人。然而，最新兴起的行为金融理论认为，证券投资基金的投资行为未必就是理性的；以理性人为假设前提的传统金融理论认为，虽然证券投资基金行为是理性的，但在委托代理环境下基金管理人很可能会出于自身利益考虑而损害投资人的利益。

本书以传统金融理论中委托代理机制为理论基础，结合行为金融的理论成果，对我国基金市场上广为关注的羊群行为问题、业绩窗饰行为问题、利益输送问题、"老鼠仓"问题等共计两类（合法与非法行为）四种行为展开研究，深入分析其形成原因并针对这些问题为监管部门如何提高基金市场效率提出建议。

责任编辑：兰　涛		责任校对：谷　洋	
封面设计：张　翼		责任出版：刘译文	

我国证券投资基金行为问题研究
李奇泽　著

出版发行：知识产权出版社 有限责任公司	网　　址：http：//www.ipph.cn	
社　　址：北京市海淀区马甸南村1号	邮　　编：100088	
责编电话：010 - 82000860 转 8325	责编邮箱：lantao@ cnipr.com	
发行电话：010 - 82000860 转 8101/8102	发行传真：010 - 82000893/82005070/82000270	
印　　刷：北京科信印刷有限公司	经　　销：各大网上书店、新华书店及相关专业书店	
开　　本：787mm×1092mm　1/16	印　　张：12.5	
版　　次：2015 年 3 月第 1 版	印　　次：2015 年 3 月第 1 次印刷	
字　　数：160 千字	定　　价：38.00 元	

ISBN 978 - 7 - 5130 - 3284 - 1

摘　　要

　　证券投资基金常常被认为是代表基金投资人利益，进行专业化理财的理性投资。然而，最新兴起的行为金融理论认为，证券投资基金的投资行为未必都是理性的；以理性人为假设前提的传统金融理论认为，虽然证券投资基金行为是理性的，但在委托代理环境下基金管理人很可能会出于自身利益考虑而损害投资人的利益。

　　与西方发达国家相比，我国证券投资基金起步晚，无论是基金设立形式、治理结构还是市场环境均不成熟。这些因素将加重我国基金业委托代理问题。因此，本书以传统金融理论中委托代理机制为理论基础，结合行为金融的理论成果，对我国基金市场上广为关注的羊群行为问题、业绩窗饰行为问题、利益输送问题、"老鼠仓"问题等展开研究，在坚实的实证验证基础上对我国证券投资基金的投资行为问题进行归纳与总结，深入分析其形成原因并针对这些问题为监管部门如何提高基金市场效率提出建议。本书的研究共分八章。

　　第一章是导论部分。揭示本书写作背景，阐述研究目的和意义，并在此基础上对本书的思路框架、研究方法以及内容结构方面进行介绍，最后对本书的创新点给予重点介绍。

　　第二章是文献综述部分。这部分不仅梳理了行为金融理论方面的最新进展，而且介绍了传统金融理论对基金行为问题的解释。其中又以国内外证券投资基金的羊群行为、业绩窗饰行为、利益输送行为、"老鼠仓"行为为研究重点进行理论与实证方面的综述。

第三、第四、第五、第六章是本书的实证部分。第三、第四章是对我国证券投资基金行为中的羊群行为和业绩窗饰行为进行的计量分析，研究我国证券投资基金是否履行其在基金契约中承诺的忠实义务，是否存在非理性的投资行为。第五、第六章是对我国证券投资基金利益输送以及"老鼠仓"等非法行为进行案例剖析和博弈分析，并阐述了这些违法违规行为的危害。

其中第三章在对羊群行为检验方法中最流行的 LSV 方法以及 Wermers 的修正进行介绍之后，据此笔者对我国证券投资基金市场中羊群行为的总体存在性、羊群行为与股市周期关系、羊群行为的行业特征、羊群行为的规模特征进行了分析，并将中美羊群行为研究结论进行了比较。检验表明：第一，我国证券投资基金投资存在羊群行为，且卖出羊群行为度强于买入羊群行为度；第二，买入羊群行为度与股市行情正相关，羊群行为加剧了股市的波动性，而且我国证券投资基金的羊群行为并没有随着证券市场的发展而降低；第三，行业羊群行为度高于整体羊群行为度，基金行为呈现板块效应且羊群行为集中于传统行业；第四，基金投资目标股票规模与基金羊群行为度负相关；第五，与美国共同基金不存在明显羊群行为不同，我国证券投资基金存在显著的羊群行为。

第四章，我们运用 Carhart，Mark，Kaniel，Must 和 Reen 等人提出的方法对我国证券投资基金业绩窗饰行为的整体存在性，不同类型证券投资基金业绩窗饰行为的比较，证券投资基金业绩窗饰途径等展开实证研究。研究结果表明：第一，我国证券投资基金总体季末超额收益率显著为正，存在显著的季末拉升业绩现象，但年末、月末不存在显著的业绩窗饰迹象；第二，我国证券投资基金中成长型基金的业绩窗饰程度最高，价值型基金的业绩窗饰程度最低，平衡型基金则居于两者之间；第三，我国证券投资基金的业绩窗饰是通过季度末拉升股票投资组合中的权重股以及重仓股中的低换手率股票实现的。

第五章，在对利益输送行为界定之后，笔者将基金利益输送分为三类：基金纵向利益输送，基金横向利益输送，"基金系"内部利益输送。然后，分别以齐鲁证券控股的万家基金为例研究纵向利益输送，发现基金租用券商股东的交易席位后，通过频繁交易帮助股东获得高额佣金收入；以华安基金向合作伙伴海欣股份输送利益为例研究横向利益输送，发现华安基金通过"对敲""对倒"等手段帮助其合作伙伴操纵市场，并通过高位接盘向海欣股份输送利益；以"中邮系"下中邮核心成长和中邮核心优选两只基金两年内六次反向交易大龙地产为例研究"基金系"内部利益输送，发现"中邮系"两只基金由于某种原因，通过反向交易手段进行利益输送，不公平对待不同投资组合。

第六章，通过运用案例法对我国证券投资基金中存在的"老鼠仓"行为进行分析，发现我国现今查获的证券投资基金"老鼠仓"案件虽然只有六起，但证券投资基金中存在"老鼠仓"事件似乎无法杜绝，这不仅源于基金经理建立"老鼠仓"被查处的风险低、获利丰厚，更源于基金监管欠缺激励，监管松懈。

第七章，运用"委托—代理"理论，从理论上统领全书并对以上我国证券投资基金行为中存在的委托代理问题以及相应的激励约束不足问题展开理论分析。笔者认为，尽管导致我国证券投资基金行为问题的原因有多种，但从制度设计层面讲，基金市场中各个参与方的委托代理问题以及相应的激励约束机制的欠缺是其根本原因。因此这一章在阐述"委托—代理"理论的基础上，通过建立我国证券投资基金运作的"委托—代理"模型对我国证券投资基金行为问题进行深入分析。

第八章是全书的收尾部分，这一部分是在总结全书实证结论的基础上，对我国证券投资基金羊群行为、业绩窗饰行为、利益输送行为和"老鼠仓"行为的形成原因分别展开讨论，并针对性地对提高我国证券投资基金运作效率提出政策建议。

Abstract

The securities investment funds is usually considered to be a rational entity which can represent investor's interests and carry out professional financial management. However, based on the newly – developed behavioral finance theory, the investment behavior of the securities investment funds may not be rational . According to the classical finance theory which using the rational people as prerequisite departure, the securities investment funds is likely to consider their own interests at the expense of the interests of investors though the behavior of the securities investment funds rational under the principal – agent conditions. This kind of behavior is irrational from the perspective of investors of the securities investment funds .

Our securities investment funds industry is start quite late compare to its counterparts in the west world. The origination of the securities investment funds, governance structure or market conditions are all in its infancy stage. These factors would worsen principal – agent problem in the funds industry. Based on the classical theory of principal – agent and combined with the newly – developed behavioral finance theory, This dissertation carry out some empirical study on the pivotal problem of China funds market such as herd behavior, window dressing, tunneling, "rat trade" . Based on the empirical results, this dissertation summarize and conclude the securities investment funds investment problem in China and analyze the deeply rooted reasons for these problems. It also suggest some concrete proposal for the regulators to improve market efficiency This study is divided into eight chapters.

Chapter one, Introduction. This chapter is the introductory part of this dissertation, It explain the background of this study, articulate the aim and theoretical and empirical merits of this thesis. It also outline the structure, research methods and the content of this dissertation. The final part of this chapter is concluded with the innovations of this thesis.

Chapter two, literature review. This section not only reviews the latest developments of behavioral finance theory but also introduces the classical financial theory to explain behavior problems of the mutual funds. Among them, domestic and foreign securities investment funds herd behavior, window dressing, tunneling, "rat trade" behavior are the focus of the literature review which are both summarized theoretically and empirically.

The third, fourth, fifth and sixth chapters are empirical part of this dissertation. Chapter three and four are focus on the herd behavior and window dressing in China's Stocks . These chapter try to discover whether the securities investment funds to fulfill its commitments in the prospectus honestly, whether it has irrational investment behavior. Chapter five and six analyze the illegal conduct of securities investment mutual funds by the means of case study and game theory and elaborate the harmful effect of these illegal conduct on China security market.

Chapter three first introduce the most popular test method of LSV and Wermesr amendment and then based on these methods, this chapter analyze the existence of herd behavior, the relationship between herd behavior and the stock market cycle, herd behavior in the industry characteristics, the scale characteristics of herd behavior and compare these property of herd behavior with united states stock market. The empirical results demonstrate that: first, the herd behavior is exist in the China securities investment funds market and the seller herding behavior are stronger than the buyer's; second, the degree of buying herd behavior has positive relationship with the performance of stock market and the securities herd behavior does not decrease with the development of the securities market. The herd behavior on the Chinese securities investment funds booster the volatility of the stock market; third, overall degree of herd behavior in specific industry is higher than the full industry. There is cluster effect on the securities investment funds investment behavior and this is quite prominent for traditional industries; fourth, the size of targeted stocks and the degree of herd behavior are negative correlated ; fifth, herding behavior of the U. S. mutual funds is not obvious while it is quite phenomenal of the securities investment funds in China stock market.

Chapter four use Carhart, Mark, Kaniel, Musto and Reen method to investigate the existence of window dressing, the comparison of window dressing in different type of securities investment funds and the path through which the window dressing carry out empirically. The results show that: First, our securities investment funds rate of return is significantly positive, there are significant boosted − performance at the end of the quarter, there is no significant sign of window dressing at the end of a year or a month; Second, the maximum window dressing is the growth fund, the minimum window dressing is the value fund, balanced funds are centered them. Third, the securities investment funds increase the price of heavyweight stocks in their Portfolio and stocks of the low turnover rate in their Awkwardness to paint the tape.

Chapter five, We will divide three types of tunneling, the vertical tunneling, the horizontal tunneling, the insider tunneling of fund family. We studied WanJia fund which is holded by Qilu Securities as an example of the vertical tunneling, find that Fund help shareholders receive high commission income through frequent trading after they rented their shareholders trading desks, we studied horizontal tunneling by the example of Huaan fund which Transfer benefits to Haixin as his partner, find that Huaan fund help its partners to manipulate the market by relative commission and self – dealing and transfer benefits to his partner by high biding. We studied the insider tunneling of fund family by the example of China post family insider trade which transact Dragon real estate six times between China post core growth and China post core optimization within two years. We found that these two funds transfer benefits each other by insider trading and treat different portfolios unfairly for some reasons.

Chapter six, using the case study methods, this chapter investigate the "rat trade" behavior in the securities investment funds. The result indicates that although there are only six cases of "rat trade" were trialed, it is difficult to put an end to the "rat trade". This is lie in the incentives for the manager of a funds to establish the "rat trade", which has minor risk and the return is high and it is also deeply rooted in the slackness of ragulator and lack of incentives.

Chapter seven use the principal – agent theory to analyze the problems of the securities investment funds and it is the theory basis for the overall thesis. Although the causes for the behavior of the securities investment funds is various, Speaking from a system perspective, the author think that the principal – agent problem and lack of incentives and constraints for individual participates of the funds market is the pivotal reason. Based on the principal – agent theory, this chapter make a principal – agent model for the operation of the Chinese securities investment mutual funds and probe related deeply rooted problem of it explicitly.

Chapter eight is the conclusion part. This chapter summarize the empirical results of the whole thesis and then discuss the reason for herd behavior, performance disguise, insider trade and mouse storehouse respectively. Some concrete proposals are suggested aim at improve the operational efficiency of our security investment funds at the end of this chapter.

目　　录

第 1 章 导   论

1.1 研究背景与研究意义

1.1.1 研究背景

1. 证券投资基金的发展

证券投资基金在不同的国家,有不同的名称,在英国称"单位信托投资基金",在美国称"共同基金",在日本称"证券投资信托基金",在我国则被称为"证券投资基金"。证券投资基金是一种利益共存、风险共担的集合证券投资方式,即通过发行基金份额,集中投资者的资金,由基金托管人托管,由基金管理人管理和运用资金,从事股票、债券等金融工具投资,并将投资收益按基金投资人的投资比例进行分配的一种间接投资方式。[1]

(1) 国际趋势

证券投资基金于起源于英国,兴盛于美国。自从美国第一只共同基金——马萨诸塞投资信托基金于 1924 年成立以来,美国共同基金不断壮大并引领着全球证券投资基金飞速发展。据美国投资公司协会(ICI)统计,截至 2008 年年底,美国共同基金数量已超过一万只,基金投资人数量达到 9300 万,资产净值规模达 9.6 万亿美元。与此同时,共同基金在全球范围发展迅速,截至 2009 年年末全球共同基金资产规模达 18.97 万亿美元(如图 1 – 1 所示)。

1

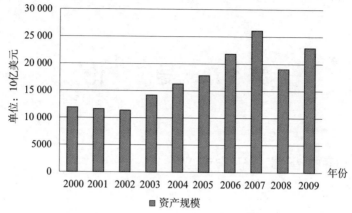

图 1-1　全球共同基金资产规模

资料来源：美国投资公司协会。

　　与此同时，凭着专家理财、风险分散等优点，证券投资基金逐渐被个人和家庭所接受，越来越多的家庭和个人选择通过证券投资基金的代理投资（Delegated Investment）方式间接地参与金融市场。据美国投资公司协会（ICI）的统计，美国家庭金融资产中，共同基金的占比从 1990 年的 7.9% 增加到 2007 年的 23.4%（如图 1-2 所示）。这种代理投资模式的盛行不仅在美国发展迅速，其他发达国家，乃至发展中国家都不同程度地迎来了证券市场投资主体机构化的时代。

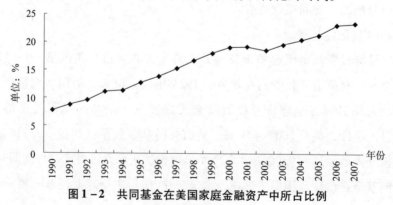

图 1-2　共同基金在美国家庭金融资产中所占比例

资料来源：美国投资公司协会。

2

随着越来越多的家庭和个人选择采用机构代理投资（特别是证券投资基金代理投资）这种理财形式，股票、债券等金融资产也逐渐集中到机构投资者手中。据美国证券业协会（SIA, Securities Industries Association）数据，1965 年 SIA 成员所持股票占美国股票总额的比例仅为 16%，而到 2001 年该比例已经达 61%，其中仅共同基金所持有的美国上市公司股票比例就达到 25%。从市场交易角度看，1989 年机构交易总量占 NYSE 市场交易总量的比例就达 70%，而到 2002 年该比例更到达 96%，这说明美国资本市场已经步入了机构主导时代。

（2）我国证券投资基金发展概况

我国证券投资基金起步较晚，经历了早期探索阶段、封闭式基金发展阶段以及现在的开放式基金发展阶段。

1）基金业发展的探索阶段

改革开放初期，为满足我国经济快速发展的资金需求，我国金融机构开始探索证券投资基金业务。1987 年，中国新技术创业投资公司（中创公司）与汇丰集团、渣打集团在中国香港联合设立了中国置业基金，标志着我国证券投资基金业务的开始。1992 年 11 月，我国第一家相对规范的证券投资基金——淄博乡镇企业投资基金设立，该基金为公司型封闭式基金，募集资金达 1 亿元人民币，所募资金 60% 投向淄博乡镇企业，40% 投向上市公司。淄博乡镇企业投资基金的设立揭开了内地发展证券投资基金业务的序幕，但是由于我国基金缺乏基本的法律规范，普遍存在无法可依、监管不力的问题，而且基金受地方政府要求，其出发点都是出于"服务地方"经济的考虑，大量投资于地方房地产等实业部门，这种投资基金实际上已经演变为是一种直接投资基金。因此，在经历了短暂的发展热潮之后，我国进入了经济金融治理整顿阶段，基金业的发展陷入停滞状态。

2）封闭式基金发展阶段

1997 年 11 月，我国颁布了《证券投资基金管理暂行办法》（以下简称《暂行办法》），这是我国第一部规范证券投资基金运作的行政法规，由此我国基金业发展进入了一个新的阶段。正因为如此，人们习惯上以 1997 年颁布的《暂行办法》为界划分新老基金。

1998 年 3 月 27 日，经我国证监会批准，新成立的南方基金管理公司和国泰基金管理公司分别发起设立了两只规模均为 20 亿元的封闭式基金——"基金开元"和"基金开泰"，由此打开了我国证券投资基金试点的序幕。为确保试点的顺利实施，增强基金对投资者的吸引力，监管机构出台了许多对基金业的政策扶持措施，客观上为基金业的发展起到了重要的促进作用。在"新基金"快速发展的同时，我国证监会开始着手对"老基金"进行清理规范。1999 年 10 月下旬，10 只"老基金"经资产置换后合并改制成 4 只证券投资基金，使我国封闭式基金数量达到 1999 年年底的 23 只。

截至 2001 年 9 月开放式基金推出之前，我国共有 47 只封闭式基金，之后于 2002 年 8 月我国的封闭式基金增加到 54 只，达到顶峰，但其后由于封闭式基金一直处于高折价交易状态，更加之开放式基金的兴起，封闭式基金在我国的发展陷入长期停滞状态。自 2006 年起，随着一些封闭式基金陆续到期转为开放式基金，我国封闭式基金的数量不断减少，封闭式基金在我国基金市场中的地位进一步下降，截至 2010 年年底，我国封闭式基金数量只占整个基金数量的 6.25%。

3）开放式基金发展阶段

根据"先封闭，后开放"的发展思路，2000 年 10 月 8 日，我国证监会发布了《开放式证券投资基金试点办法》。2001 年 9 月，我国第一只开放式基金——"华安创新"诞生，这标志着我国基金业发展实现了从封闭式基金到开放式基金的历史性跨越，从此，我国基金业进入了一个全新的发展阶段。开放式基金的推出为我国基金业产品创新开辟了新的天地，基金品种日益丰富。2002 年 8 月南方基金管理公司推出了我国第一只以债券投资为主的南方宝元债券基金。2003 年 3 月，招商基金管理公司推出了我国第一只系列基金。2003 年 5 月，南方基金管理公司推出了我国第一只具有保本特色的基金——南方避险保本型基金。2003 年 12 月，华安基金管理公司推出了我国第一只准货币型基金——华安现金富利基金。2004 年 6 月我国颁布并实施了《证券投资基金法》，更加之 2000 年后管理层开始奉行"超常规发展机构投资者"的发展战略，我国证券投资基金业很快步入了快速发展的轨道。2004 年 10 月，南方基金管理公司成立了我国第一只上市开放式基金（LOF）——南方积极配置基金。2004 年年底，华夏基金管理公司推出国内首只交易型开放式指数基金（ETF）——华夏上证 50ETF。之后，生命周期基金、QDII 基金、社会责任基金等新的基金产品也相继面世，层出不穷的基金产品创新极大地推动了我国基金业的发展。2010 年年底，我国的基金数量已达 704 只（如图 1 - 3 所示），基金净值规模达24 860.98亿元（如图 1 - 4 所示），其中开放式基金占基金全部数量的比例达到了 93.75%，成为基金市场的主导力量。不仅如此，开放式基金的发展也使我国代理投资模式逐渐被市场所接受。根据天相的统计数据，2004 年投资者对开放式基金还非常陌生，在全国仅有不到 320万基民，而五年之后，开放式基金仅存量基民数量就达到 9800 多万户，五年增长了 30 倍。不难发现，无论是在西方发达国家还是在我国，机构投资者（尤其是证券投资基金）的代理投资模式正在取代个人的直接投资，逐渐成为整个证券市场的主导模式，这一转变也必将对整个证券市场的运行和秩序带来深刻的影响。

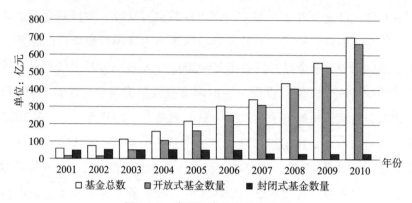

图1-3 我国证券投资基金数量

数据来源：wind 咨询。

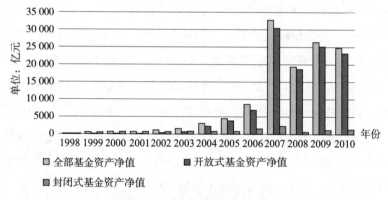

图1-4 我国证券投资基金规模

数据来源：Wind 咨询。

2. 证券投资基金代理投资模式的影响

之所以认为市场投资主体的转变或者说代理投资模式的盛行将对证券市场产生深远影响，是因为机构投资者在投资决策和交易行为上与个人投资者有着显著的区别。一方面，从投资决策上讲，与个人投资者相比，机构投资者在信息生产和信息处理上具有明显优势，因此更接近于有效市场假说中的"理性人"假设，投资策略上也能够更为理性。另一方面，从交易行为上讲，机构投资者不仅资金规模巨大，而且由于机构投资者对投资更具专业性能够运用投资组合理论分散投资风险。因此，一般认为，市场投资主体的机构化有利于稳定证券市场，提高证券市场的资源配置效率和运行效率。

然而，在我国证券投资基金的组织形式只有契约型基金一种，这种类型的基金是通过签订基金契约的形式把投资者、管理人、托管人三者联系起来的。基金管理人与基金投资人之间是一种委托代理的关系，因此也必然产生逆向选择和道德风险问题。尽管根据证券投资基金契约要求，基金管理人应对基金持有人履行忠实义务，但当基金管理人自身利益与基金持有人利益发生冲突时，基金管理人出于自身利益最大化考虑难免做出不利于基金持有人权益的行为，这种行为将对市场的健康发展产生巨大的不利影响。

第一，随着我国证券投资基金逐渐成为个人投资者进入证券市场的重要渠道和证券市场上最重要的投资主体，证券投资基金的业绩直接关系广大投资者的利益，因此成为最为关心的话题。由于"群体压力"、国内市场缺陷等原因，基金之间互相模仿的羊群行为也时有发生。同时，由于基金净值增长率是否跑赢大盘以及基金排名是否靠前在很大程度上决定基金公司以及基金经理个人的前程。因此，基金经理有动机在公布业绩之前，想尽办法来窗饰业绩，包括一些非理性甚至违规投资行为。这些行为对于普通基金投资人而言是很难甚至无法甄别的，这就加剧了基金市场逆向选择的风险。

第二，我国证券投资基金中，基金管理人与基金投资人是一种基于信托关系下的委托代理关系，这种关系下一旦双方利益出现冲突，基金管理人难免会产生道德风险问题。从2000年的"基金黑幕"到2005年的"利益输送"，再到最近频频出现的证券投资基金"老鼠仓"问题。我国投资基金普遍存在的道德风险行为已经广受社会关注。

　　无论是证券投资基金的羊群行为、业绩窗饰行为、利益输送还是"老鼠仓"行为，这些行为均表现为委托代理关系下，基金管理人对基金投资人利益的侵害。更重要的是，这些行为在损害委托人利益的同时，也深深地影响了市场运行效率和资源配置效率，证券投资基金促进市场有效性和稳定性的作用也因此大打折扣。

1.1.2　研究目的和意义

　　世界各国的证券投资基金在发展过程中都会遇到各种各样的行为问题，我国证券投资基金也不例外。我国证券投资基金虽然经历了十多年的快速发展，但是由于基金公司的内部治理不完善，外部监管不健全等原因，证券投资基金中存在的逆向选择与道德风险行为问题格外严重。

　　因此，本书研究的目的就在于，在代理投资模式下，我国证券投资基金管理方是否存在市场广为关注的羊群行为、业绩窗饰行为、利益输送行为和"老鼠仓"等行为。如果存在，其具体表现形式如何、原因何在以及如何纠正与防范。

　　当前，我国证券投资基金业经历了非常规发展后，基金管理公司内部治理与外部监管相对滞后，在这样的背景下探讨代理投资下基金行为中存在的主要行为问题不仅具有理论意义，更具有现实意义。

　　本书的理论意义在于，本书是站在"委托—代理"理论的视角对我国证券投资基金的羊群效应、业绩窗饰行为两个事前信息不对称问题，以及我国证券投资基金利益输送和"老鼠仓"行为两个事后信息不对称问题展开研究。之所以采取这一视角而非广为流行的行为金融理论视角，是因为"委托—代理"理论不仅能将这四种主要的行为问题统筹起来，而且更能体现我国的特殊国情，把握我国证券投资基金行为问题中的主要矛盾。

由于本书研究的核心是针对我国证券投资基金行为中存在的关键问题，侧重点在于对现实问题的剖析，因此具有重要的现实意义。

首先，从资本市场发展角度看，大力发展证券投资基金的意义在于促进市场理性投资，使证券定价更加合理有效，提高资本市场的运行效率和资源配置效率。基金的非理性投资行为不仅损害基金持有人的利益而且对证券市场效率、基金业的健康发展都有巨大的危害，如何识别和有效约束这些非理性行为是提高市场有效性的前提。

其次，从监管者角度看，本书对证券投资基金羊群行为、业绩窗饰行为、利益输送行为以及"老鼠仓"行为的研究可以从一定程度上反映基金的投资行为中存在的主要问题并帮助监管机构找到这些行为问题存在的根源，从而为监管机构对症下药、制定相关规则和制度以减少基金行为中类似问题的发生打下基础。

最后，从基金业发展角度看，通过本书的研究可以使基金管理人认识到自己的这些行为问题对投资者权益的侵害不仅会遭到社会监管者的察觉和处罚，更严重的是这种行为最终会失去基金投资人对他们的信任，而这种信任正是基金赖以生存的根本。因此，基金管理人应加强内部治理，严格约束自我以及内部从业人员，促进基金业健康快速的发展。

基金投资行为的研究是一个宽泛的研究领域，本书的研究还远远不够，希望能够通过本书的研究起到抛砖引玉的作用，为以后的研究指明方向和提供参考。

1.2 研究思路与研究内容

1.2.1 研究思路

我国证券投资基金的组织形式都是契约型，这种组织形式的基金中基金管理人与基金投资人之间是一种委托代理的关系。由于我国证券投资基金治理存在多重问题：例如，基金份额持有人大会虚置问题、托管人地位的非独立性以及基金经理激励机制设计的不合理问题等，这些缺陷都将加重我国证券投资基金市场中的逆向选择和道德风险问题。由此，尽管根据证券投资基金契约要求，基金管理人应对基金持有人履行忠实义务，但当基金管理人自身利益与基金持有人利益发生冲突时，管理人出于自身利益最大化的考虑，难免做出不利于基金持有人权益的行为。

出于这种考虑，本书将对我国证券投资基金中存在的最引人瞩目的问题展开研究，并将研究的着力点体现在本书题目的确定上，本书题目——我国证券投资基金行为问题研究，题目强调"问题"二字，也就是说本书研究的重点定位于我国证券投资基金市场中存在的主要问题，而并非针对我国证券投资基金所有的投资行为（尤其是理性的投资行为）。

研究对象的选取：本书以我国证券投资基金市场上反映最为强烈的四种有关基金管理人违背忠实义务的异常行为（或者称为不合理行为）为研究对象展开研究。这些异常行为既包括羊群行为、业绩窗饰行为两个合法的异常行为，也包括利益输送、"老鼠仓"行为两个非法的异常行为。这两种类型基本可以概括基金市场中基金管理人损害投资人利益的主要委托代理问题。为了使本书逻辑清晰化、结构紧凑化，本书的行文结构是按照"委托—代理"理论的事前信息不对称和事后信息不对称安排的。其中，证券投资基金的羊群行为和业绩窗饰行为属于事前信息不对称问题（逆向选择问题）；证券投资基金利益输送和"老鼠仓"行为属于事后信息不对称问题（道德风险问题）。这两种类型的投资行为基本上可以代表我国证券投资基金市场中存在的有关基金管理人违背基金投资人利益的主要行为。

本书的研究思路如下：本书先运用计量方法验证我国证券投资基金投资行为中存在的羊群行为和业绩窗饰行为等事前信息不对称问题，后运用案例研究法，研究我国证券投资基金行为问题中的利益输送和"老鼠仓"等事后信息不对称问题。通过对这些行为问题进行实证研究以及委托代理分析发现问题，进而对我国证券投资基金投资行为问题进行归纳和总结，并据此提出有效监管我国证券投资基金，促进基金业健康发展的政策建议。

1.2.2　研究内容

笔者对本书的内容作如下的安排：

第一章是导论部分。揭示本书写作背景，阐述研究目的和意义，并在此基础上对本书的思路框架、研究方法以及内容结构方面进行介绍，最后对本书的创新点给予重点介绍。

第二章是文献综述部分。这部分不仅梳理了行为金融理论方面的最新进展，而且介绍了传统金融理论对基金行为问题的解释。其中又以国内外证券投资基金的羊群行为、业绩窗饰行为、利益输送行为、"老鼠仓"行为研究为重点进行理论与实证方面的综述。

第三、第四、第五、第六章是本书的实证部分。第三、第四章是对我国证券投资基金行为中的羊群行为和业绩窗饰行为等事前信息不对称问题进行的计量分析，研究我国证券投资基金是否履行其在基金契约中承诺的忠实义务，是否存在非理性的投资行为。第五、第六章是对我国证券投资基金利益输送和"老鼠仓"行为等事后信息不对称问题进行案例剖析和博弈分析，并阐述了我国证券投资基金中的这些非法行为的危害。

第七章运用"委托—代理"理论，从理论上统领全书并对我国证券投资行为问题从制度设计层面进行理论分析。这一章将从我国证券投资基金的制度安排角度入手，分析我国证券投资基金中存在的委托代理风险，并将我国证券投资基金市场中的这四种广为关注的投资行为问题划分为逆向选择问题和道德风险问题，最后通过建立我国证券投资基金运作的"委托—代理"模型，从激励约束机制角度对我国证券投资基金行为问题进行深入分析，对全书的理论进行升华。

第八章是全书的结尾部分，在总结全书实证结论的基础上，对我国证券投资基金羊群行为、业绩窗饰行为、利益输送行为和"老鼠仓"行为的形成原因分别展开讨论，并针对性地对提高我国证券投资基金运作效率提出政策建议。

1.3 采用的研究方法

本书在写作过程中运用规范研究与实证研究相结合的方法。实证研究主要通过计量经济方法对我国证券投资基金的羊群行为、业绩窗饰行为进行验证；运用案例研究的方法对我国证券投资基金的利益输送行为和"老鼠仓"行为展开分析。之所以对这四种行为运用两种不同的分析方法是源于后两种基金行为属于违法违规行为，这类行为更适合案例分析。除此之外，由于违法违规行为的查处难度很大，目前的案例还很有限，还不足以进行计量分析。

规范研究方法主要是运用"委托—代理"理论对我国证券投资基金投资行为的激励与约束问题进行统筹分析；运用博弈论方法对我国证券投资基金行为问题中的利益输送行为、"老鼠仓"行为进行规范分析，为本书最后一章的政策建议提供理论依据。

1.4　本书的创新

本书的创新之一：对我国证券投资基金羊群行为以及业绩窗饰行为的研究，学者们或者着重于其存在性的验证或者着重于其某一方面的特征分析；本书不仅通过整体样本研究考察基金羊群行为和业绩窗饰行为的存在性，而且通过挖掘羊群行为和业绩窗饰行为的各种特征，全面地分析基金的这些非理性行为特征。在对我国证券投资基金行为问题中的违法违规行为研究多见诸于研究报告或者新闻媒体报道中，在学术论文中的研究也往往局限于司法视角上；本书则主要从经济学视角进行理论与实证分析，同时结合相关法律法规对这些行为问题展开深入研究。

本书的创新之二：对我国证券投资基金羊群行为的研究中，学者们往往从行为金融理论视角进行研究；对业绩窗饰行为的理论研究限于简单的描述；其他行为的理论分析也同样缺乏深度。本书从"委托—代理"理论视角将羊群行为、业绩窗饰、利益输送、"老鼠仓"行为划分为事前信息不对称、事后信息不对称进行研究，而且建立了"委托—代理"模型，深入研究我国证券投资基金中的激励约束机制问题，提高了本书的理论深度。

本书的创新之三：目前学者们对基金利益输送行为、"老鼠仓"等违法违规行为的理论分析往往是限制于基金管理人与基金投资人之间的静态博弈分析。本书对这类违法违规行为的博弈分析则拓展为包括基金管理人、基金投资人、基金托管人、基金监管人在内的基金运行中的所有参与主体；而且本书的研究并未止步于简单的纯静态博弈分析，而是纯静态博弈分析、混合静态分析和动态博弈分析层层深入，并且引入了监管人俘获模型，以便更加贴近社会现实。

第2章 文献综述

2.1 国外关于证券投资基金行为研究的文献综述

2.1.1 国外共同基金羊群行为研究的文献综述

1. 国外共同基金羊群行为的理论综述

（1）羊群行为的起源和定义

羊群行为最初源于生物学用于研究动物群体的群居特征，后来羊群行为一词被引申用以描述一种社会现象，用来分析人们的一种从众心理。羊群行为的概念最早在社会学和心理学领域得到发展，由英国社会学家查尔斯（Charles Mackay，1852）用大量证据表明：人群具有容易被误导，在群体中个体容易表现出极端的合群和模仿现象。之后，在社会学和心理学领域羊群行为不断得到验证。1952 年，著名社会心理学家索罗门·阿什通过实验表明了社会压力对个人判断的影响十分强烈。1955 年，心理学家默顿·道奇和哈罗德·吉拉德在阿什的实验基础上重新作了设计，结果证明了即使不存在社会压力，人们也倾向于跟随大多数人的判断。斯坦利·米尔格拉姆的实验则表明权威对人们的判断会造成巨大影响，即人们趋向于对权威的观点过度信任。

在经济学的研究中，首先关注到了羊群行为的是凯恩斯。凯恩斯（Keynes，1936）[2]的《就业、利息和货币通论》中所提出的"选美理论"，精彩地描述了羊群行为："从事职业投资，好像是参加选美比赛。

报纸上发表一百张照片，要参加竞赛者选出其中最美的六个，谁的选择结果与全体参加者的平均爱好最接近，谁就得奖。在这种情形下，每一个参赛者都不选他自己认为最美的六个，而是他认为最能迎合其他参赛者想象力的照片。每个参赛者都从同一观点出发，于是既不选他自己认为最美者，也不选一般人认为美者，而是开动脑筋推测一般人认为的普通的意见是什么。"凯恩斯将股票市场比喻成选美比赛，这表明人们的投资决策并不独立，而是受到相互影响的。

根据研究侧重点的不同，学者们对羊群行为给出不同的定义。当前研究中比较普遍认可的羊群行为的定义主要有以下三种：

1）Banerjee（1992）[3]定义的羊群行为：羊群行为是投资者跟随他人的决策而不论个人的私人信息是否支持这一决策。

2）Bikhchandani（2000）[4]则对羊群行为定义为：投资者在交易过程中存在学习和模仿他人交易行为的现象，从而导致他们在同一时期内买入和卖出相同的股票。

3）Scharfstein和Stein（1990）[5]将羊群行为定位为在某种环境中，投资者违反贝叶斯理性人的后验分布法则，单纯地跟随其他人进行投资决策，而忽略了私有信息。

由以上学者对羊群行为的定义可以看出，羊群行为主要研究信息传递和行为主体所作出的决策之间的相互影响以及这种影响对信息传递速度和充分性的作用。

为了对羊群行为有一个更深刻的理解，Bikhchandani在综述羊群行为理论研究的基础上，进一步将羊群行为区分为故意羊群行为（intentional herding）和虚假羊群行为（spurious herding）。所谓故意羊群行为就是如Banerjee所述，投资者仅仅跟随他人的决策而不论个人的私人信息是否支持这一决策。虚假羊群行为是指针对共同的信息冲击，投资者作出趋同的投资行为。这种羊群行为并非是在简单地模仿他人投资策略，而是基于自己的信息（尽管是共同信息）、分析作出的决策。例如，政府公布从紧宏观政策（提高准备金率等），投资者会对股票市场看跌，不约而同地减持股票，这种趋同的策略并非是相互模仿投资策略所致，而是针对政策变化做的调整，属于虚假羊群行为。

（2）共同基金羊群行为成因分析

对于共同基金羊群行为的产生机制，不同的理论学派有不同的理解。经典金融理论认为共同基金的羊群行为是基金经理出于理性考虑的结果；而行为金融则认为共同基金的羊群行为是基金经理非理性投资的结果。

所谓的"理性"，从经济学角度讲是指行为主体会选择更符合自身经济利益的决策。根据以上概念，理性羊群行为是指由于行为主体获取信息困难，支付存在外部性，以及对激励因素的考虑和对报酬、声誉的需要使得行为主体的羊群行为成为其最优策略选择。也就是说羊群行为是行为主体为获得自身利益最大化作出的理性决策，符合经典金融理论中的理性人假设。行为金融理论以有限理性假设为基础，认为羊群行为是由于市场缺陷以及行为主体本身的局限性，投资人相互模仿投资策略所致。

鉴于以上分析，我们对羊群行为产生机制的分析也将按照理性羊群行为形成机制和非理性羊群行为形成机制分开进行。

1）基于经典金融理论的共同基金羊群行为成因分析

经典金融理论是由有效市场假说（Fama，1965）理论为核心，以现代资产组合理论（Markowitz，1952）[6]、资本资产定价模型（Wlliam F. Sharpe，1964）[7]、套利定价模型（Stephen Ross，1976）[8]、期权定价理（Black，Scholes and Merton，1973）[9][10]等为基石，以经济学"理性范式"为研究思路建立起来。其理论假说是建立在投资者理性、有效市场和随机游走三个关键性的假设条件上的。

经典金融理论框架下对羊群行为的解释主要糅合了信息经济学中的"委托—代理"理论、博弈论等新兴经济学理论。其主要研究成果可以归结为以下两类：一类是基于信息外部性的羊群行为，分为序列模型和非序列模型。序列模型又包括外生序列模型和内生序列模型。外生序列模型即 BHW 模型（1992）[11]，该模型假设投资者依次做决策，这样投资者的决策只依赖于其观察到的前面的人的决策信息而忽略自己的私人信息。Chamley 和 Gale（1994）[12]意识到了 BHW（1992）模型中，假设序列条件是外生的这一局限性，提出内生序列羊群行为模型。他们认为现实市场中，决策者并非必须依次做出决策，但决策者的偏好本身会产生一种内生序列：决策者都希望自己成为最后一个决策者，以获取先决策者产生的正的信息外在性。但这又会产生等待成本，即资产价值因等待而产生折扣 $\delta \in [0, 1]$。这样，投资者经过权衡考虑后做出一种战略性延迟而非一直到最后才作决策。与序列模型不同，Orlean（1995）[13]提出了非序列模型。该模型通过研究在不确定性环境下一群相互作用的人经过内部不断修正和学习形成集体知识的过程。模型给出了每个人两个不同的信息源（他观察到别人决策后得到的信息和他自己的私人信息）的相互权重。如果决策者给前一信息赋予较大权重，就会产生羊群行为。另一类是基于委托代理关系的羊群行为，包括羊群行为的报酬模型和羊群行为的声誉模型。这些模型是建立在经典金融理论假设基础上的，是经典金融理论中研究羊群行为的主流，能够在一定程度上解释羊群行为的成因和特点。

　　由于我国证券投资基金治理缺陷一直是社会广泛关注的话题，也是我国证券投资基金羊群行为的最主要原因，这里我们仅介绍基于委托代理关系的羊群行为模型。由于基金投资人与基金管理人之间存在委托代理关系，这样必然会产生逆向选择和道德风险问题，从而在声誉和报酬两个方面影响证券投资基金经理的行为决策，产生羊群行为。

① 羊群行为的报酬模型

由于基金投资人与基金管理人之间存在委托代理关系，于是不可避免地存在"逆向选择"问题或"道德风险"问题。在这种环境下，基金投资人的最优策略是和基金经理签订与基准挂钩的报酬合约。一方面，这种激励合约有利于激励基金经理努力工作，降低道德风险；另一方面，它还可甄别能力高和能力低的基金经理，降低逆向选择。但若基金经理的报酬取决于与其他基金经理业绩的相对表现，就会破坏对基金经理的激励作用，诱发羊群行为的产生。Maug 和 Naik（1996）[14]对这一问题进行了相关分析。他们假设：基金经理风险偏好是风险厌恶的；薪酬激励合同设计为：基金经理薪酬与基准基金经理的相对表现挂钩，即当其业绩优于基准时，增加薪酬，相反则降低薪酬；包括基准基金经理在内的所有基金经理都拥有关于股票收益的不完美的私人信息；投资决策顺序为基准基金经理在先，其他基金经理在观察到基准基金经理的决策后再作决策。在这种薪酬结构下，基金经理有动力去模仿基准基金经理的投资行为，以免自身业绩落后于基准同行或市场指数，从而导致了羊群行为的产生。

② 羊群行为的声誉模型

对于基金经理而言，保持一个良好的声誉不仅可以为其带来好的职业前景，而且与基金经理所能获得的收入也息息相关。凯恩斯（1936）[15]认为："违反常规的胜利与符合常规的失败相比，后者更有利于维护声誉。"Scharfstein 和 Stein（1990）[16]利用信息经济学框架的"委托—代理"理论建立了"学习模型"（Learning Model）说明这一问题。Scharfstein 和 Stein 假设存在两种类型的基金经理，一种是聪明的类型，另一种是迟钝的类型，聪明类型的经理会搜集到有关投资价值的有价值的信号，而迟钝类型的经理只会收到噪音信号。投资人投资之前并不知道经理人属于哪种类型，只能通过他们的投资业绩来判断其能力的高低。因此，这个动态博弈中存在的均衡结果就是先做出投资决策的人根据自己观察的信号做出决策，而后决策的人都会模仿前一个投资者的决策而不管自己观察到的是什么样的信号，这样避免其决策不同于其他经理人而被视为不称职。基金经理为保障自身声誉以及"责备分担效应"（blame sharing effect）导致了经理人的羊群行为。因为，如果基金经理特立独行，一旦投资失败就会被视作能力不足，而受责备；但若采取从众策略而导致失败，则可以把决策失误归咎于信号系统性的偏差，这属于运气问题而非个人能力问题，这样不仅可以减少自身心理压力而且可以避免受到过多的责备并维持良好的声誉。

以上模型均基于理性人假设，是一种理想状态。但是在现实生活中，投资者往往是不完全理性的，其投资决策在很大程度上会受到主观因素的影响，即使是专业投资机构的基金从业人员也不例外。因此，行为金融理论认为经典的金融理论对羊群行为的解释是不完全的并从行为人的"有限理性"出发，解释了羊群行为的产生机制。

2）基于行为金融的羊群行为成因分析

① 行为金融学简述

行为金融学是一门新兴的科学，他是伴随着经济心理学、实验经济学的产生而发展起来的。因此，学术界至今还没有一个公认的严格定义。Thaler（1993）[17]将行为金融简单地描述为"思路开放式金融研究"（open – minded finance），他认为只要是关注现实世界，考虑经济系统中的人可能并非是完全理性的，这样的研究就可以界定为行为金融了。Olsen（1998）[18]认为"行为金融学是寻求理解并预测心理决策过程的系统含义；而不是试图去定义'理性'的行为或者把决策打上错误或偏差的标记"。Lintner（1998）[19]则把行为金融研究归结为"研究人们如何解释以及如何根据信息做出决策的"。Statman（1999）[20]认为一切行为均是基于心理考虑的结果，行为金融学与标准金融学的差

20

异就在于对心理、行为的观点有所不同。Russell J. Fuller（2000）[21]对行为金融的定义是：行为金融学是传统经济学、金融学、心理学以及决策科学的综合体；行为金融试图解释金融市场中产生的异常现象的原因；行为金融是研究投资者在判断中发生系统性偏差的原因。Hsee（2000）[22]认为行为金融是这样的一门科学，它是将心理学、行为科学和认知科学上的成果运用到金融研究中的学科，它通过心理学实验结果提出投资者决策时的心理特征假设，并以此假设为基础来研究投资者的实际投资决策行为。

综上所述，我们这样定义行为金融理论：行为金融理论是运用心理学和决策科学和传统经济学等相关学科的研究成果来分析投资者心理特征，并在此基础上研究投资者的投资决策行为以及其对资产价格影响的学科。

关于行为金融的起源不同学者观点不同，然而现代意义的行为金融理论诞生于 20 世纪中叶。1951 年美国奥瑞格大学商学教授 Burrell 发表了《投资研究实验方法的可能性》（Possibility of An Experimental Approach to Investment Strategies）一文，提出了通过构造实验来检验理论的思路，他呼吁人们应当将心理学和金融学相结合，不仅应用量化的投资模型，还应对投资者的传统行为模式进行研究。1969 年 Bauman 发表了《科学的投资分析：科学还是幻想》（Scientific Investment Analysis：Science or Fiction），文章呼吁人们应当关注投资者非理性的心理。Burrel 于 1972 年发表的《人类判断的心理学研究对投资决策的意义》被公认为第一篇行为金融学论文。

然而，行为金融理论真正取得突破性进展是在 20 世纪七八十年代。1974 年、1979 年 Tversky 和 Kahneman 先后发表了：《不确定下的判断：启发性因素与偏差》（Judgment under uncertainty：Heuristics and Biases）和《期望理论：风险状态下的决策分析》（Prospect theory：An analysis of decision under risk）这一系列研究成果为行为金融学打下坚实的理论基础，成为行为金融研究史上的一个重要里程碑。但是20世纪70年代是经典金融理论迅速发展的时期，其所构建金融理论体系的完美性使得行为金融理论处于相对弱势的地位。直到1985年，Debondt和Thaler发表的《股票市场过度反应了吗?》，文中提出了大量证据表明认知偏差对股票价格起到的预测作用，从而引发了行为金融理论的复兴，揭开了行为金融迅速发展的序幕。

20世纪90年代是行为金融理论的繁荣期，这个时期的研究是集中在行为理论与金融市场相结合的领域，并对20世纪80年代后股市出现的异象进行分析和解释，产生了大量有价值的研究成果。Thaler（1987，1999）[23][24]在其撰写的两篇文章中分别研究了"行为生命周期假说"（The Behavioral Life – cycle Hypothesis）、投资者的"心理账户"（Mental account）以及股票回报率的时间模式问题；Shiller（1989，2000）[25][26]则研究了股市中人们的心态与"羊群效应"（Herd Behavior）的关系等问题；Shefrin和Statman于1994年和2000年先后提出了著名的行为资产定价模型（Behavioral Asset Pricing Model，BAPM）[27]和行为组合理论（Behavioral Portfolio Theory，BPT)[28]。其他诸如对"噪声交易者"（Noise Traders）的研究（Shleifer，1990）[29]，对"有限套利"（Limited Arbitrage）的研究（Shleifer，1997）[30]，对"处置效应"（Disposition Effect）的研究（Odean，1998）[31]，对IPO定价的研究（Kim，Ritter，1999）[32]等研究成果对股市异象的解释均受到学术界广泛的关注。

随着行为金融理论影响的日益扩大，主流经济学家们开始逐渐接受这一新兴科学。2002年，行为金融学奠基人之一的Kahneman荣获诺贝尔经济学奖，彰示了行为金融理论在未来学科发展中不可忽视的位置。

② 行为金融学理论对经典金融理论的挑战

尽管经典金融理论无论在理论上还是投资实践中都取得了巨大成功。但 20 世纪 80 年代以来，金融市场不断涌现的"异象"，如股利之迷、股票溢价之迷、动量与反转效应、规模效应以及日历效应等无法用经典金融理论来解释，这些异常现象从实证角度对经典金融理论形成了威胁。不仅如此，行为金融理论的发展不断对经典金融理论赖以建立的有效市场假说发起挑战，而且对其预期效用理论也发起挑战。

首先，理论上对有效市场假说的挑战。

有效市场假说的理论基础是由投资者理性假设、随机交易假设、有效套利者假设（Shleifer，2000）[33]三个逐渐弱化的假设组成。然而这三个假设均遭到了行为金融理论的质疑。第一，投资者理性假设认为投资者是完全理性的，因此可以理性评估资产价值。然而，行为金融理论认为投资者由于受精力、能力和信息等方面的限制，不能按照标准模型进行决策投资（Kahneman，Riepe，1998）[34]。第二，随机交易假设认为即使有些投资者不是理性的，但由于其交易是随机产生的，对价格发生的影响也将相互抵消。然而 Kahneman 和 Riepe（1998）[34]通过心理学的研究发现，人们偏离理性的行为并不只是偶然现象，而是经常性地以同样的方式偏离，即这种偏离是系统性的。第三，有效套利者假设认为即使投资者的非理性行为并非随机产生而是具有相关性的，这种非理性的投资行为将在市场中遭遇理性的套利者的套利行为，套利者的存在将消除前者对价格的影响。但是，行为金融理论认为实际市场的套利活动是有限的、有风险的。因为许多资产并没有替代资产用以套利，当资产价格发生偏差时，套利者在缺乏替代资产的情况下无法无风险的进行套利，因此无法消除这种偏差。不仅如此，即使存在完全替代资产，套期保值者还将面临来自资产价格不确定的风险即噪声交易风险（De Long，1990）[35]。

其次，对预期效用理论的挑战。

经典金融理论是基于预期效用理论而建立的，它描述了在不确定性条件下，具有理性预期、风险回避特征并以效用最大化为目标的投资者进行决策的过程。然而预期理论的几大公理均不同程度地受到挑战。首先挑战这一理论的是法国经济学家诺贝尔经济学奖获得者 Allais，他于 1953 年通过彩票选择实验提出了著名的"阿莱悖论"（Allais Paradox）[36]，Machina（1987）[37] 在 Allais（1953）[36] 的研究成果中进一步分析，发现对同一个问题，不同的表达方式会产生不同的选择。这违背了预期效用理论中关于偏好优势性、恒定性以及传递性的公理化假设。由于"阿莱悖论"描述了相同结果下的不一致偏好情形，故又称之为"同结果效应"（Commom – Consequence Effect），对预期效用理论构成了严重威胁。与"阿莱悖论"类似的实验发现是由 Kahneman 和 Tversky（1979）[38] 提出的"同比率效应"（Commom – ratio Effect），它描述了对一组彩票中收益概率进行相同比率的变换，会产生不一致的选择。这是预期效用理论无法解释的，因为它违背了预期效用函数的线性特征及独立性、简约性等公理。对预期效用理论形成更大威胁的是 Lichtenstein 和 Slovic（1971）[39] 提出的"偏好反转"（Preference Reversals）实验，反映了个体决策和偏好方面选择与定价不一致的现象。偏好反转的实验令经济学界大为震惊，因为它几乎违背了经济学中关于偏好的所有原则（Tversky，Thaler，1990）[40]。正因为如此，"偏好反转"实验起初遭到很大程度的怀疑，然而，进一步的实验验证将这些疑虑纷纷打消。"偏好反转"现象给人们一种感觉：哪怕最简单的选择行为都不存在任何种类的最优化法则（Grether，Plott，1979）[41]。

预期效用理论遭遇尴尬的同时，行为金融学集大成者 Tversky 和 Kahneman 在心理学实验研究的基础上提出了期望理论，解决了以上悖论问题。

期望理论主要由价值函数和决策权函数构成，具有如下五个重要的特性：

i. 价值函数的自变量是相对于某个参考点的相对变化即相对获利和损失，而不是经典理论中所重视的财富绝对值。参考点通常以目前的财富水准为基准。

ii. 价值函数呈"反射效应"（reflection effect），即向参考点的两个方向——收益与损失方向偏离呈反射性状。

iii. 价值函数是以相对变化（相对获利和损失）为自变量，呈 S 型的函数。相对于参考点获利时是凹函数，相对参考点损失时是凸函数，即投资者处于收益状态时，每增加一单位的收益所带来的效用增量低于上一单位收益所产生的效用增量，表现出风险规避的特征；当处于损失状态时，每减少一单位的损失，其带来的效用增量高于上一单位所带来的效用增量，因此面对损失时候，投资者是风险偏好的。

iv. 价值函数的斜率在损失状态时要大于收益状态时，即投资者在同等收益和损失下，损失增加一单位的所带来的边际痛苦大于增加一单位的收益多带来的效用，即投资者的边际损失比边际收益敏感（如图 2 - 1 所示）。

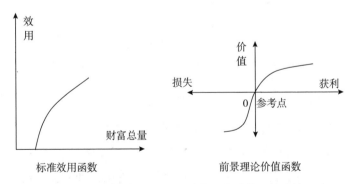

图 2 - 1　标准效用函数与前景理论价值函数比较

资料来源：Kahneman 和 Tvemkey（1979）。

v. 决策权重函数将预期效用函数的概率转换成决策权重。决策权重存在"类别边际效应"（category boundary efect）。决策权重 π（p）是客观概率 p 的一个非线性函数。决策权重函数描述了这样一种现象：人们对不同的效用值所对应的事件发生的概率的主观感觉是不一样的，如果按照实际概率值将事件划分为极可能、很可能、很不可能、极不可能几种情况，在不同情况下，人们对概率评价值有着明显的差异。心理学证据表明，决策权重 π（p）是呈单调上升状态，在低概率段，π（p）> p，在相对高概率部分则 π（p）< p。另外，人们还有忽略对极低概率的倾向，即人们有时会把可能性极小的事件视做不可能事件，而把极可能发生的事件视作必然事件，即 $\pi(\delta) = 0$，π（$1 - \delta$）$= 1$ 其中 δ 是大于零的极小的正数（如图 2 - 2 所示）。

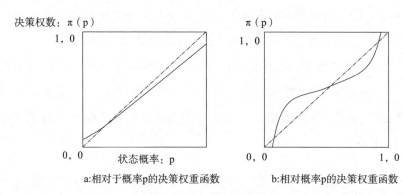

a:相对于概率p的决策权重函数　　　　　b:相对概率p的决策权重函数

图 2 - 2　决策权重函数

资料来源：Kahneman 和 Tvemkey（1979）。

③ 基于行为金融的羊群行为成因分析

行为金融理论是从投资人并非理性的角度来研究羊群行为的。Scharfstein、Stein（1990）[42] 将羊群行为定位为在某种环境中，投资者违反贝叶斯理性人的后验分布法则，单纯地跟随其他人的行为进行投资决策，而忽略了私有信息。因此，行为金融将羊群行为界定为投资人的一种盲从行为，这区别于经典金融理论将羊群行为界定为理性考虑后的跟随行为。根据社会心理学的可控实验结果，当现实信息很模糊时，大众的行为就演变成为信息源，或者说大众的行为为人们提供了应如何行动的信息。

行为金融理论通过对投资者的心理以及其决策行为过程进行研究，发现人的情绪、心理感觉等主观因素在投资者的投资决策中起着不可小视的作用。他们从信息获取到对投资方案的判断过程均会受到自身心理、认知以及外界环境的影响，即使是经验老练的基金经理人也不例外。而且这些偏差并非偶然或者随机发生而是会系统性地发生，并在特定情况下引发市场中的羊群行为。

首先，在市场信息的获取过程中，投资者在信息提炼中会出现心理偏差，从而诱发羊群行为。

证券市场是一个信息高度敏感的市场，因此信息的获取和提炼就成为投资决策的基础。但是，当今社会早已进入信息爆炸时代。从纷繁复杂的信息中提炼关键、有效的信息对投资者而言并非易事，投资者由于认知容量的局限性，最容易发生"选择性偏差"和"易得性偏差"，并由此诱发羊群行为。

对"选择性偏差"的研究表明，一个人在某一时点上只能处理5到9个信息块。因此，在面对众多信息时，投资者为了避免过多的信息充斥脑海扰乱心绪，总是对信息进行选择性注意，而且这种选择性关注往往受公众注意力的影响。即公众注意力越集中，个人越倾向于选择性地关注公众注意点，而这本身又会使公众注意力得到加强和集中，如此循环……当选择性注意集中到一定程度，就会诱发投资者羊群行为，导致市场非理性波动。

心理学研究表明，人们从记忆中搜寻信息时，对于熟悉事物的提取几乎是自动的和无意识的。而对于极度迷惘难以决断时，人的生存本能将促使他们寻找参照物，这也就是羊群行为形成的原因之一。

Kahneman 和 Tversky（1973）[43] 的实验也发现：人们倾向于把信息按记忆顺序排列，容易联想到的事件被认为是经常发生的，并赋予较大权重，而不容易联想到的事件被认为是不经常发生的，并赋予较小权重或者干脆忽略，产生易得性偏差。

其次，在对投资方案的判断过程中，投资者会产生代表性偏差、锚定偏差。

代表性偏差是指人们只抓住问题的某个片面的特征来推断结果，而不考虑这种特征出现的原因以及这种特征出现的真实概率所造成的判断偏差。Tversky 和 Kahneman（1974）[44] 的研究表明人们在利用"代表性启发"形成推理时会存在两个严重偏差：一是忽略了样本大小对推理的影响；二是过于注重事件的某个特征而忽视其出现的无条件概率。在现实投资决策中，我们会夸大一名连续四次正确投资的基金经理的能力，并因此会引来其他投资者的关注和跟随。

锚定偏差（Anchoring Bias）是指在不确定条件下，人们通常利用某个参照点作为"锚（Anchor）"来降低模糊性，然而人们的初始锚定值往往并不恰当。Tversky 和 Kahneman（1974）[44] 通过幸运轮实验得出结论：人们过多地受到无意义的初始值的左右。锚定偏差在资本市场中最突出的表现就是历史最高点、历史最低点或者前一高点或低点的价位。当股价临近前一高点时候，投资人会不约而同的担心抛压而主动出货。

最后，后悔厌恶、认知失调、信息串联等引起的羊群行为。

人们常常会因为作出错误的决策而自责，这种情绪就是后悔。人们在错误决策后要遭受损失，而且在遭受损失的基础上还会自责（后悔），因此后悔所带来的痛苦要比错误决策引起的经济损失还要大。为了避免决策失误所带来后悔的痛苦，其决策的目标可能是最小化未来的后悔而非最大化将来的收益，这种非理性行为就是后悔厌恶（Regret

Aversion）。后悔厌恶在金融市场中的表现就是，虽然投资者可以根据自己所获得的信息独立做出决策，但在先验概率不大的情况下，投资者会害怕作出错误决策而导致后悔，从而选择从众策略，因为即使这一决策导致投资失败，但考虑到是大多数人都遭受到了损失，这会在一定程度上减轻投资者的后悔程度，即最小化未来的后悔。投资者最小化后悔的投资决策行为在代理投资中可能更加突出，因为代理投资中基金经理投资失败给自己带来的经济损失不大，但声誉损失却非常大，所以后悔带来的痛苦相对较大。

认知失调（cognitive dissonance）是指当个人对所面临的情况和他心中的想法和判断不同时，所产生的一种心理冲突。认知失调是不愉悦的，因此投资者可能会避免新信息或极力为自己的错误进行辩解以降低认知失调（Festinger，1957）[45]。认知失调理论对证券市场羊群行为也有一定的解释力。例如，投资者根据自己的判断决定购进某只股票，但他发现具有影响力的股评家的意见与之相悖的，投资者的认知失调感会很强烈。而且如果相反的观点不断增多，这种失调感就会不断增强，投资者为降低这种不适感，很可能会放弃原先的决策跟随股评家或其他多数人的选择，从而产生了羊群行为。

信息串联（Information cascades）理论表明：作为群体中的一员，人们很容易因受到群体情感的感染而忽略自身可获得的信息甚至放弃自己的偏好与习惯，采取与群体行为相近的行为。Bikhchandani（2000）[46]根据信息串联思想构筑的顺序决策模型，解释了即使投资者不能确定其他投资者的策略正确与否，也会放弃自己所获取的信息去模仿别人的行为。

2. 国外共同基金羊群行为的实证研究综述

对证券投资基金的羊群行为的实证研究主要集中在 20 世纪 90 年代，其中最有代表性的是 LSV 模型、Wermers 的修正模型。Lakonishok、Shleifer 和 Vishny（LSV）（1992）[47]以美国 1985～1989 年间 341位基金经理管理的 769 只免税权益基金的季度数据为样本进行检验。研究结果表明，基金管理人并没有表现出明显的羊群行为。但与机构交易集中的大公司股票相比，小盘股的羊群行为更为显著。LSV 的解释是：因为小盘股公开信息相对较少，因此基金经理在对小盘股作出投资决策时，会更多关注其他基金经理投资行为。另外，LSV（1992）还按照管理资产的规模、基金经理子集、特定行业、股票以往表现等分别进行研究，均未发现有羊群行为的迹象。

Grinblatt，Titman 和 Wermers（GTW）（1995）[48]应用 LSV 模型，以 1974～1984 年间美国 274 只共同基金的资产组合为样本，研究基金管理人的羊群行为，并进一步研究了羊群行为与动量投资策略之间的关系。GTW 得出以下结论：274 只共同基金的羊群行为度的均值为2.5，与 Lakonishok 测量的 2.7 相差不大；样本基金在购买过去业绩出色的股票（赢者）比抛售过去业绩糟糕的股票（输者）表现出更显著的羊群行为，即共同基金趋向于采取动量投资策略。但从总体看，样本基金并不存在显著的羊群行为。同时 GTW 还将基金按照投资策略来划分为：收入型基金（income funds）、收入增长型基金（growth – income funds）、平稳型基金（balanced funds）、强增长型基金（aggressive growth funds）、成长型基金（growth funds）。研究表明，成长型基金相比收入型基金具有更强的羊群行为特征。他们的解释是，许多成长型基金投资标的都是小股票，公开信息相对较少，基金经理会更多关注其他基金经理投资行为。

Nofsinger 和 Sias（1999）[49]以纽约证券交易所上市公司 1977～1996 年间数据为研究对象，分析机构投资者交易行为对股价的影响。研究结果发现，机构投资者持股比例的变化与当年收益之间呈正相关关系，这可能是由于机构采用正反馈交易策略所至。进一步的研究发现，这些机构投资者的羊群行为与其滞后收益呈正相关关系，因此，他们的羊群行为可能是理性的。

Wermers（1999）[50] 以 1975～1994 年间的美国共同基金为样本，运用 LSV 方法对其羊群行为特征进行检验发现，样本基金的平均羊群行为度达到 3.4，存在显著的羊群行为特征。研究还发现无论从同期收益来看还是从滞后收益来看，共同买入的股票比共同卖出的股票都高，也就是说收益差距将延续较长时间，据此 Wermers 认为，共同基金的羊群行为很可能是理性的，并且有利于加速吸收股市新的信息。与 GTW 模型相同，Wermers 的研究也发现成长型基金相比收入型基金具有更强的羊群行为特征。但是与 GTW 研究结果不同，Wermers 的研究发现，基金的买入羊群行为度要比卖出羊群行为度更大，而且这种情况在小公司股票中表现得更加突出。

2.1.2 国外共同基金业绩窗饰行为研究的文献综述

业绩窗饰（Window Dressing，也可以称作 "painting the tape"、"marking up"，见 Carhart（2002）[51]）是指基金管理公司等机构投资者在某一特定时期，通过拉升其管理的证券组合的收盘价格，来窗饰投资业绩以谋取更多利益的非理性投资行为。

业绩窗饰最早是作为股市异象中的日历效应的理论解释而提出的。由于基金净值增长率是否跑赢大盘以及基金排名是否靠前在很大程度上决定基金公司以及基金经理个人的前程。因此，在基金业绩报告（年报、半年报、季报）公布之前，基金公司有动机动用巨额资金拉升其早已持仓的股票投资组合的尾盘价格，来窗饰业绩报告，从而给投资者一个善于选股投资的印象。更重要的是，这种异常行为往往会引发市场羊群效应，导致股市产生日历效应。

Ariel Robert A（1987）[52] 研究发现了 1963 年到 1981 年美国所有股

票在月末的最后 9 天之中会产生显著的平均正收益。Harris（1989）[53]则通过分析日内数据，发现股票交易价格在尾盘临近时出现异常上涨，这种异常上涨现象在每月月末时表现最为显著。Harris 的研究还发现这样的异常上涨现象更多地表现在低价股上。

Zweig（1997）[54] 是最早以基金为研究对象来研究市场异象的。Zweig 的研究发现 1985 年至 1995 年，股票型基金在年末最后一个交易日的平均收益超过标准普尔 500 指数 53 个基点，而在接下来年初第一个交易日却低于标准普尔 500 指数 37 个基点。对于小盘股基金，这一现象更为明显，在年度的最后一个交易日超出标准普尔 500 指数高达 103 个基点，而在年初的第一个交易日，平均收益低于标准普尔 500 指数 60 个基点。Zweig 认为这种异象产生的原因是基金经理为提高他们的基金业绩回报操纵了年末股价，导致了这一现象的出现。Carhart，Mark，Kaniel，Musto 和 Reen（2002）等人[51]研究发现，基金净值相对于标准普尔 500 指数在年末、季度末、月度末具有显著的上涨。这种异常收益是基金经理通过季度末最后三十分钟大量购买他们已经持仓的股票来实现的。

Aitken 和 Comertonforder（2002）[55]也证实了美国、加拿大、伦敦、澳大利亚、新加坡、挪威、香港等证券市场中都存在业绩窗饰现象。

Meier 和 Schaumburgb（2006）[56]通过研究基金半年度持股数据和基金净资产之间的关系，发现基金存在显著的业绩窗饰行为，并运用模拟实验的方式排除了基金"动量策略"的可能。

Elton 等（2009）[57]用基金持股月度数据研究表明，基金投资组合在年末换手率明显升高，而且买入股票的收益率明显较卖出的股票收益率高。

2.1.3　国外共同基金利益输送研究的文献综述

"利益输送"又称"隧道挖掘"（Tunneling），最早是由 Johnson 等人（2000）[58]提出的，原意指通过地下通道转移资产行为。它被用于描述企业的内部人或控制者为了个人利益将企业的资产和利润转移出去，这种行为通常构成了对中小股东利益的侵犯。而基金行业的利益输送可以定义为基金管理公司为获取更多业绩报酬或者管理费，以及其他非法收益，有意地在同一家族的基金内部、基金与控股股东、基金与合作伙伴等利益群体间输送利益，而损害一部分投资者利益的行为。

Gaspar 等（2006）[59]认为，基金属于一个更大的组织——基金家族（fund family）而不是一个独立的实体，这种基金家族会影响基金经理决策的独立性，并进而影响基金的业绩以及业绩的持续性。他们通过对美国共同基金的投资行为研究发现，基金家族倾向于将费率较低的基金向费率较高的基金进行利益输送。Daniel 等（1999）则从另一个角度发现，当一公司附属于公司集团时，并且该公司以及整个公司集团全部被同一股东控股的话，利益输送的可能性就会大大提高。

从博弈论角度看，只有当法律具有威慑力时，才能减少或制止侵害他人利益的行为的发生。反之，如果仅仅是一种事后补偿，那么，法律的效力将大打折扣。Johnson 等人（2000）[58]的研究表明：大股东或内部人控制会造成对小股东的利益侵占，而且这种侵占程度会受到法律对投资者权益保护好坏的影响。

Gaspar 等（2006）[59]对美国基金的研究发现，美国共同基金的利益输送存在以下三种方式：第一，是在 IPO 上的优先配置上。在申购新股中基金家族往往拥有信息优势并利用这种信息优势，让专户理财基金申购折价率高的新股，而公募基金则去申购折价率相对较低的新股。第二，基金家族内部的基金之间存在对倒交易，即基金通过家族内的基金之间通过同向或者反向交易实现基金间的利益输送。第三，优秀基金经理人的优先配置。基金家族优先将明星基金经理人配置给营利性更强的基金业务，这种利益输送方式是一种隐性的利益输送行为。

2.1.4 国外共同基金"老鼠仓"问题研究的文献综述

"老鼠仓"是指金融机构内部从业人员为牟取非法利益或者转嫁风险,违反规定,利用本机构受托管理资金以及交易信息从事相关交易的活动。目前对老鼠仓的研究主要以基金"老鼠仓"为对象进行研究,并且专指基金(主要是公募基金)经理人在运用所募集来的基金资金买入某证券之前,先用自己或其关系户的资金先行建仓,待基金资金将该证券价格拉升后,又率先卖出自己或者关系户的证券从而获利,而将风险转嫁给基金投资人,这是一种特殊的内幕交易行为。由于这种行为偷食基金赢利,且该类账户大多很隐秘,所以人们形象地称之为基金"老鼠仓"。

由于"老鼠仓"能够转嫁风险,窃取利益,Dutta 等(1997)[60]认为,基金管理人从事"老鼠仓"交易时,作为投资代理方的基金经理人主要关注的不是他所管理的资产的收益,而是其老鼠仓的收益。Cornell等(2005)[61]认为在代理投资模式中,影响资产价格的主要因素是代理人的目标函数,而非资产委托人的效用函数。Allen(2001)[62]也认为金融市场上代理投资所导致的道德风险是不可忽略的。Kyle(1985)[63]则利用理性预期均衡框架对知情交易者的交易策略进行了分析。Allen 等(1992)[64]通过理论分析,证明了即使在没有信息优势的情况下,投机者仍然可以通过交易的操纵来获取收益。

2.2 国内关于证券投资基金行为研究的文献综述

2.2.1 我国证券投资基金羊群行为研究的文献综述

国内学者对羊群行为的研究较少而且大多数集中于实证研究中。

施东晖（2001）[65]以 1999 年第 1 季度至 2000 年第 3 季度共 9 个季度期间的基金资产净值前 10 名的股票为样本，研究发现我国证券投资基金从整体上存在较严重的羊群行为，投资理念趋同，投资风格模糊，并且在一定程度上加剧了股价波动。同时施东晖认为，上述现象在本质上是由于我国股市存在着结构失调和严重的制度缺陷，从而导致基金经理独立的思考能力蜕变成为从众行为。

陈浩（2004）[66]采用 LSV 方法，研究时间跨度为 1999 年 1 季度到 2003 年 2 季度，以基金季度投资组合报告中公布的前 10 大持仓股票为样本，检验得出我国证券投资基金的羊群行为程度较美国共同基金羊群行为度更大，而且卖出的羊群行为度要大于买入的羊群行为度；这种羊群行为与基金的动量投资策略有关；而且在买卖流通规模较小的股票上，基金的羊群行为度更大。

吴福龙、曾勇、唐小我（2004）[67]采用 LSV 方法和 Wermers 羊群行为测度的方法，对我国 2000 年至 2001 年之间基金的四个中报和年报样本数据进行检验，发现我国证券投资基金的羊群行为要比美国共同基金的羊群行为更大；我国的投资基金并未表现出对大盘股或者小盘股的特别偏好；在 2000 年和 2001 年，投资基金的交易行为与大盘的走势密切相关。

伍旭川、何鹏（2005）[68]采用施东晖的检验方法对我国 2001 第 4 季度到 2004 第 1 季度的 40 只开放式基金进行了检验。结论显示我国开放式基金存在较强的羊群行为特征；羊群行为在小盘股上的表现要强于大盘股；羊群行为呈现行业特征，即行业上的羊群行为程度比单只股票更加明显。同时，结论还显示我国开放式基金的羊群行为加剧股市波动。

祁斌（2006）[69]等使用经典的 LSV 方法以及 Wermers 的修正方法，对我国证券投资基金的交易行为进行了实证研究。研究结果表明，我国证券投资基金整体上具有较明显的羊群行为特征；基金常常采用正负反馈投资策略；羊群行为在流通盘较大和较小的股票上均十分显著；按照基金类型区分，成长型基金的羊群行为较价值型基金更加显著。

盛军锋、李善民和汤大杰（2008）[70]采用 LSV 模型以及 Wermers 的修正模型研究发现：我国开放式基金整体上存在显著的羊群行为；我国开放式基金的羊群行为随着基金数量的增加而增大。

崔巍（2009）[71]通过对 Bikhchandani，Hirshleifer 和 Welch（BHW）的羊群行为模型进行改进，研究了风险回避情况下的信息瀑布和投资者的羊群行为。研究结果表明当做出投资决策的投资者比做出不投资决策的投资者多于两个以上时，投资的信息瀑布发生，导致羊群行为的产生；当做出不投资决策的投资者比做出投资决策的投资者多于一个以上时，不投资的信息瀑布发生，导致羊群行为的产生。

陈国进、陶可（2010）[72]根据上证 180 指数成分股数据和 topview 投资者日持股数据对机构投资者和个人投资者的羊群行为差异进行分析。其研究结果表明，机构投资者的羊群行为可能是充分利用信息的结果，而个人投资者的羊群行为则参杂着更多的非理性因素。

2.2.2 我国证券投资基金业绩窗饰行为研究的文献综述

由于我国证券市场市场起步较晚，研究数据不足，国内对投资基金业绩窗饰行为的研究相对较少，而且多集中在对股票市场日历效应的解释中提出的。刘凤元、孙培元和陈启欢（2003）[73]通过对上海 A 股收盘价格的窗饰效应研究，发现上海证券市场每个月的最后一个交易日较非月末交易日更容易发生业绩窗饰行为；7 月份和 12 月份的最后交易日会出现大量异常的收盘价格，而 8 月份与其他月份相比，业绩窗饰现象更多发生在非月末交易日；相对西方发达国家证券市场，我国上证 A 股的业绩窗饰发生的频率更高，但股价变动相对较小。

刘凤元和陈俊芳（2004）[74]以上证指数为对象，对月效应进行了实证研究：与西方和亚洲新兴市场一样，上海股票市场存在换月效应，且其发生的原因在于月末交易日频繁发生的窗饰行为所致。

吴启芳和汪寿阳（2004）[75]通过检验我国证券市场 1999 年到 2004 年间大盘市场指数和基金指数的月末最后一个和倒数第二个交易日，月初第一个和第二个交易日的收益和波动，发现无论是年末/初、季末/初，还是月末/初的 4 个交易日，股指波动最大值均出现在日历初期的第一个交易日。股市指数和基金指数在年末、季末和月末的收益率都明显高于下一初期的第一个交易日收益率。

赵秀娟、吴启芳和汪寿阳（2006）[76]以 2002 年到 2005 年间开放式基金为样本，研究基金净值在年末、季末、月末的最后 1 个交易日是否被显著地拉抬而出现日历效应。实证结果表明，基金日历末净值增长率异常增大，存在拉抬业绩的迹象；基金净值增长率在季末、月末前后 10 个交易日呈现一个先涨后跌的倒 U 性态势。

邹戈（2009）[77]以开放式股票型基金为研究对象，就我国证券投资基金净值在季末、年末最后一个交易日是否被显著拉升而表现出业绩窗饰效应进行研究。结果表明我国开放式股票型基金在季度末（非年末）存在显著的超额正收益。而在年末超额收益却为负值，年初则存在超额正收益，这与国外的研究结论不同。

赵家敏、严雄（2010）[78]以上证指数和深成指数为研究对象，验证了我国股市存在明显的换月效应，研究结果发现我国证券投资基金出现之后，股市的换月效应显著增强，之后随着基金业的规范，换月效应又有所减弱，表明我国基金业绩窗饰行为引起股票市场换月效应的发生。

2.2.3 我国证券投资基金利益输送行为研究的文献综述

基金利益输送行为问题目前主要出自新闻报道中，学术性的研究还比较少，孙健芳、申兴、郭宏超（2005）[79]等报道了一些基金公司存在将旗下公募基金利益输送向其所管理的社保基金的行为。具体操作手法是基金公司在买入股票时候，可能安排其管理的社保专户先于其他公募基金以低成本先行买入，而在卖出股票组合时，安排社保专户先于其他旗下公募基金高价卖出股票。这种行为被称为"低买高卖"的交易行为。研究还表明，尽管很难用数据证明同一基金公司旗下不同基金之间存在利益输送，但基金公司在人员配置、制度安排上的确存在偏向于以社保基金为代表的私募基金的行为。这可以看做是一种"类利益输送"行为。

秦洪（2007）[80]认为基金的利益输送主要表现在公募基金向社保基金输送利益，封闭式基金向开放式基金输送利益。这主要是因为开放式基金不似封闭式基金那样没有赎回压力，所以，基金公司往往先安排开放式基金建仓，然后由封闭式基金拉抬股价；向社保基金输送利益主要是出于保护基金公司社保基金代理地位的考虑。利益输送行为在一定程度上挑战了市场的公平交易原则。而且，随着基金专户理财业务市场的开展，由于基金专户理财业务与基金管理公司、基金经理的利益更加密切，不排除公募基金被"类私募基金"的专户理财边缘化的可能。

赵迪（2009）[81]通过分析，将我国证券投资基金利益输送分为五种类型：第一，基金公司利用其券商股东交易席位频繁买卖股票，为券商股东创造佣金收入的输送利益。第二，基金公司利用旗下管理的公募基金向社保基金组合进行利益输送。第三，基金公司通过新发产品拉升老产品的重仓股，提升老产品整体业绩的利益输送。第四，基金公司自购旗下产品时候，通过非自购产品向自购产品进行的利益输送。第五，基金经理及其关联方的"老鼠仓"行为也是一种利益输送行为。

张婷（2010）[82]的研究表明，由于我国基金的独立性并不是很强，存在不同程度地向其发起人输送利益的行为。由于社保基金在整个社会以及资本市场中的重要地位，更加上社保基金会对基金管理公司管理的社保组合经营绩效进行评价，出于维系基金管理公司的品牌和声誉影响的考虑，基金管理公司非常重视其管理的社保基金的业绩表现，基金管理公司很可能会向社保基金输送利益。

2.2.4　我国证券投资基金"老鼠仓"问题研究的文献综述

国内普遍存在的基金"老鼠仓"问题目前已经成为许多学者与专家的关注对象，尤其是 2009 年 11 月查处的景顺长城基金管理公司和长城基金管理公司内部发生的"老鼠仓"案，更是引起了社会广泛的关注。专家学者们从信用制度、行政、民事及刑事等角度，对基金"老鼠仓"产生的深层原因进行阐述，并且发表各自对防范和治理基金"老鼠仓"行为的见解。

倪受彬（2007）[83]以"上投摩根老鼠仓"为案例，针对"老鼠仓"问题分别从民事及刑事角度进行研究，并提出了相关的建议。

周仁才和吴冲锋（2009）[84]在分析存在"老鼠仓"时市场参与者行为特点的基础上，构建了相关市场交易模型。得出结论："老鼠仓"交易的存在加剧了市场信息结构的不对称，为普通投资者对于资产价值的判断带来更大的模糊性，同时"老鼠仓"的存在也将机构投资者目标函数转变为更加关注"老鼠仓"的利益，两种因素的共同作用对市场产生了较大不利影响；"老鼠仓"交易扭曲了市场机制，削弱了市场价值发现功能，加剧了信息不对称和市场波动。

刘芳芳（2010）[85]通过对证监会与基金经理的博弈分析，认为信用制度和诚信文化的缺失是"老鼠仓"现象屡禁不止的根本原因，并且对改进监管制度提高监管质量提出政策建议。

但总体来说，学术界目前针对"老鼠仓"问题的研究还十分有限。

第 3 章　我国证券投资基金 "羊群行为" 问题的研究

3.1　羊群行为实证检验方法介绍

证券投资基金羊群行为的实证检验方法有很多，出于研究的需要这里只介绍其中影响最大的 LSV 模型及 Wermers 对其的修正。

3.1.1　Lakonishok, Shleifer, Vishny (LSV) 模型

Lakonishok，Shleifer 和 Vishny（1992）[47]（Wermers 进行了修正）提出的羊群行为检验模型是众多模型中最为经典的，其后的许多方法都是在此基础上进行的修正。LSV 模型是为检验在美国 769 家免税股票基金的基金经理之间是否存在"羊群行为"而提出的，其核心思想是通过测量证券投资基金对特定股票是否存在整体相同的交易倾向来判定证券投资基金投资策略中是否存在羊群行为的。具体讲就是通过对同一时期中（根据证券投资基金季报数据）单只股票，证券投资基金的买方力量与整个时期中证券投资基金的平均买方力量偏离的测度来衡量羊群行为度。如果该时期中对某一股票有一半的证券投资基金买入，同时另一半的证券投资基金卖出，则说明没有羊群行为存在，否则，说明存在羊群行为。LSV 的羊群行为的测度指标为：

$$HM_{i,t} = | P_{i,t} - E(P_{i,t}) | - AF_i$$

其中 $P_{i,t}$ 是在 t 时期买入股票 i 的证券投资基金个数占所有对该只

股票进行交易的投资基金的比例，即 $P_i = \dfrac{B_{i,t}}{B_{i,t} + S_{i,t}}$ ，$B_{i,t}$ 是在 t 时期中增持股票 i 的证券投资基金个数，$S_{i,t}$ 是 t 时期中减少股票 i 持有量的证券投资基金个数，$E(P_{i,t})$ 是 $P_{i,t}$ 的期望值。因此，我们可以得知 $|P_{i,t} - E(P_{i,t})|$ 的含义是：在 t 时期，买入股票 i 的基金家数比例超过基金对所有股票买入家数比例的度量。

AF_i 为调整因子。在 "H0：不存在羊群行为" 的零假设下，$HM_{i,t}$ 应该为零，此时 $AF_i = \left\| \dfrac{B_{i,t}}{B_{i,t} + S_{i,t}} - E(P_{i,t}) \right\|$ 是不存在羊群行为条件下，$\left\| \dfrac{B_{i,t}}{B_{i,t} + S_{i,t}} - E(P_{i,t}) \right\|$ 的期望值。

模型中加入调整引子的目的在于减少羊群行为度的误差。因为只有当参与股票交易的基金个数趋近于无限时，AF 才会等于零，而实际计算中样本数据是有限的，因而 AF_i 往往不会等于 0，模型需要剔除这一扰动因素。

LSV 模型中当 $HM_{i,t}$ 显著不为零时，说明证券投资基金的投资行为中存在羊群行为，而且 $HM_{i,t}$ 越大，羊群行为程度越高。

当然尽管 LSV 模型简单易行，但它对于羊群行为的测度存在以下缺陷：第一，LSV 模型这种方法无法捕捉买卖家数相同情况下的基金羊群行为。LSV 模型在测度特定股票的羊群行为时，仅仅考虑了市场上证券投资基金买卖方的数量，而忽略了每只基金买卖这只股票的数量。因此，这种方法无法捕捉买卖家数相同情况下的基金羊群行为。例如，t 时期对于某只股票而言，基金买卖家数相同，但买入量远大于卖出量，这种情况下是存在羊群行为的，而 LSV 模型无法反应。第二，该模型只能检验某段时期内基金对于某只股票是否存在羊群行为，而不能检验某只基金在某段时期内是否存在持续的羊群行为。第三，该模型在数据的选取上也存在缺陷。研究基金的投资行为，其数据往往是通过基金季报、半年报、年报获得。因此，所获得的数据实际反映的都是季度末基金持仓情况，而在季度内基金对某只股票可能已经进行过多次交易，这种具体情况是无法得知的。我们的研究工作只能假设这些交易一次完成。最后，LSV 模型没有具体区分买入羊群效应和卖出羊群效应，因此也就无法研究基金在证券投资中哪种羊群效应更严重。

3.1.2 Wermers 的修正模型

针对 LSV 模型没有具体区分买入羊群效应和卖出羊群效应的不足，Wermers（1995）[48]对 LSV 模型进行了修正，设计了买入羊群行为测度指标 $BHM_{i,t}$ 和卖出羊群行为测度指标 $SHM_{i,t}$ 表述如下：

$$BHM_{i,t} = HM_{i,t} \mid P_{i,t} > E(P_{i,t}) \qquad （式 3-1）$$

$$SHM_{i,t} = HM_{i,t} \mid P_{i,t} < E(P_{i,t}) \qquad （式 3-2）$$

$BHM_{i,t}$ 计算的是在 t 时期净买入股票 i 的证券投资基金比例大于所有样本基金净买入股票的平均比例时的羊群行为度，即为基金买入羊群行为度；$SHM_{i,t}$ 计算的是在 t 时期净买入股票 i 的证券投资基金比例小于所有样本基金净买入股票的平均比例时的羊群行为度，即为基金卖出羊群行为度。通过比较 $BHM_{i,t}$ 和 $SHM_{i,t}$ 的算术平均值大小，可以反映出证券投资基金买入羊群效应和卖出羊群效应哪个更严重。

针对 LSV 模型中无法捕捉买卖家数相同情况下的基金羊群行为的缺陷，Wermer（1995）[48]提出组合变动测度模型（Portofio—Change Measure），简称 PCM 模型，表示如下：

$$\rho_{i,\tau}^{\wedge I,J} = \frac{\left(\frac{1}{N}\right) \sum_{i=1}^{N} (\Delta \omega_{i,t}^{I})(\Delta \omega_{i,t-\tau}^{I})}{\sigma^{\wedge I,J}(t)} \qquad （式 3-3）$$

$$\sigma^{\wedge I,J}(t) = \frac{1}{T} \sum \left(\frac{1}{N}\right) \sqrt{\sum (\Delta \omega_{i,t}^{I})^2 \sum (\Delta \omega_{i,t-\tau}^{I})^2} \qquad （式 3-4）$$

以上公式中 I，J 分别表示两个时期的投资组合，τ 表示这两个组合之间的时间间隔，$\Delta\omega_{i,t}^{I}$ 表示时间间隔 $[t-1,t]$ 时期内投资组合 I 中股票 i 的持有比重变动，N 表示 $[t-1,t]$ 时期内投资组合 I，J 中所包含的股票数目。$x > x$ 是指投资组合 I，J 中股票 i 的变动比例的标准差在时期 t 内的平均值。

　　通过对 Wermers 的修正模型的基本介绍可以知道，PCM 模型的主体思想是通过对某一只股票的持有比例的变动的考察来衡量基金羊群行为的。这个模型虽然克服了 LSV 模型中仅仅考虑了市场上证券投资基金买卖方的数量，而忽略了基金交易股票数量的缺陷，但是它也带来了新的问题：由于该指标是以买卖股票的权重为基准确定的，如此，则大的基金通常就会得到较大的权重，这会给基金羊群行为的衡量带来较大的误差。其次，当股票价格变动时，即使基金公司并未采取任何交易，基金的股票持有比例也会发生变化，尤其是当市场上的各只股票价格变动差异巨大时，这种测量误差更大，所以该指标也存在着难以弥补的缺陷。

　　综上所述，通过对这两种检验基金羊群行为模型的介绍与分析，再考虑我国股市经常大幅波动的现实环境，我们认为采用 PCM 模型衡量基金羊群行为的准确度可能会受到较大影响。而 LSV 方法则具有其他模型不具备的优势：第一，数据的可获得性。LSV 模型之所以被广泛运用到羊群行为的检验中，其中一个非常重要的原因就是 LSV 法所使用的数据较易获得。从目前我国基金信息披露制度来考虑数据的收集与计算的可行性，采用 LSV 模型会更符合我国的实际情况；第二，模型计算的精确性。尽管 LSV 模型是一个比较保守的估计模型，但是它能够较为灵敏的测度羊群行为。第三，研究结论的可比性。目前世界各国对羊群行为的研究主要运用 LSV 模型，本书运用 LSV 模型研究我国证券投资基金羊群行为的另一个目的是便于将我们的研究结果与国外的研究成果进行比较，以便更加深入了解我国证券投资基金羊群行为的特性，而研究成果的比较前提就是研究方法必须相同，否则结论不具有可比性。

由此，我们认为虽然 LSV 方法有一些不尽人意之处，但出于以上几点考虑本书仍然采用目前最流行的 LSV 模型对我国证券投资基金羊群行为进行实证分析，同时采用 Wermers 的方法对买入和卖出羊群行为进行检验。

3.2　数据处理及检验方法

3.2.1　数据及处理

1. 样本区间选择

本书研究的我国证券投资基金羊群行为的样本区间为 2006 年第一季度开始到 2010 年第三季度，共计 19 个季度数据。之所以选择这一区间作为分析对象，其原因有四：

第一，在该样本区间中包含了我国证券市场最大的一轮行情，即 2006 年以来我国最大的牛市，以及其后股市在金融危机和通货膨胀的压力下经历的慢慢熊市。

第二，该样本区间内包含了我国股市完整的两个运行周期，可以较全面地描述我国证券投资基金在不同市场环境下的投资行为。

第三，2006 年之后，我国证券市场进入了快速发展期许多类似于中国石油、工、农、中、建四大行等权重股都是在此之后上市的。可以说 2006 年之后上市的公司主导着整个证券市场。

第四，2006 年之后，我国证券投资基金市场也发生了质的飞跃，2005 年年底我国证券投资基金数量只有 218 只，经过五年的快速发展，截至 2010 年年底，我国证券投资基金数量已达到 704 只，增长 2.2 倍多，近 5 年发起的基金成为我国目前基金市场中的主力。

因此，笔者认为选取 2006 年之后数据作为研究对象具有代表性，完全能够反映我国当前证券投资基金的运行状况，也具备足够的数据进行后续分析。

2. 样本选取

根据我国基金信息披露制度，我们能够获得的最大密度数据就是基金季报中提供的季度投资组合数据，即基金每季度的十大重仓股。因此，本书采用的数据均来自 wind 资讯数据库中基金季报数据库。基金选自 wind 基金分类下股票型基金中普通股票型基金，但不包括指数型基金（被动指数型基金和增强指数型基金）共计 235 只。这样选取弥补了之前国内文献相关研究的不足：第一，目前国内许多文章对羊群行为的研究是选取少数封闭式基金为研究标的，这种样本的分析往往会因为以偏概全产生巨大误差，因为我国目前的基金格局已经不同于十年前，截至 2010 年年底，我国封闭式基金只占据市场份额的 6.25%，而开放式基金已经成为基金市场的主宰，基金数量占比达 93.75%。第二，即使是以开放式基金为研究对象的文献，其往往未能将指数型基金划分出去，严重影响分析的精确性和科学性。第三，之前的研究样本期间往往较早，不能反映全球金融危机这一特殊的历史背景。本书采用的基金样本非常全面，时间跨度也很长。

3. 数据处理说明

首先，从 2006 年第 1 季度开始，我们考察所有重仓股票 i 中基金增减仓变化。增仓基金不仅包括相邻两个季度都重仓 i 股票且增持该股的基金，还包括 i 股票在该季度新列入重仓股的基金；减仓基金不仅包括相邻两个季度都重仓 i 股票且减持该股的基金，还包括在上一季度出现在重仓股中，而本季度未重仓的基金。

其次，为了突出羊群行为的群体特点，排除偶然成分，本书删除参与买卖的基金数太少的股票季度样本。在季度 t 对于股票 i，重仓 i 的基金数量若少于 5 家（包括 5 家），删除该样本；若重仓 i 的基金数量多于 5 家，保留该样本。

第三，我们剔除了基金重仓股中的新上市公司股票，因为这类股票计入重仓股并非证券投资基金的趋同行动引起，而是属于新股认购行为引起，如不剔除就会出现伪羊群效应，增大检验的误差。

最后，证券投资基金在季度内会对某一只股票买入卖出交易多次，这些交易行为的微观信息由于披露制度的限制无法获得，因此本书假定在一个季度内基金对股票的买进或卖出行为是一次完成的。

按照以上标准，本书对样本区间所有原始数据进行处理，筛选并计算结果如表 3-1 所示：

表 3-1　各样本区间样本数据筛选结果

季度	200601	200602	200603	200604
样本股票数量	34	43	42	45
季度	200701	200702	200703	200704
样本股票数量	49	58	65	57
季度	200801	200802	200803	200804
样本股票数量	61	71	74	85
季度	200901	200902	200903	200904
样本股票数量	90	74	83	95
季度	201001	201002	201003	—
样本股票数量	113	135	146	—

数据来源：wind 咨询整理。

3.2.2　实证检验方法

对各个时期的基金羊群行为度，本书用 $\overline{HM}$ 表示。其计算公式如下：

$$\overline{HM} \neq 0 \qquad\qquad (式3-5)$$

只有当羊群行为度显著不为 0 时，才能证明基金之间存在着羊群行为，所以需要对 $\overline{HM}$ 进行显著性检验，并做出以下假设：

$$H0:\overset{*}{s} = s\left(\overset{*}{x}\right) \qquad (式3-6)$$

$$H1:\overline{BHM} \qquad\qquad (式3-7)$$

3.3　我国证券投资基金羊群行为实证检验

3.3.1　我国证券投资基金羊群行为的存在性分析

证券投资基金羊群行为的存在性分析是对样本区间内所有季度样本股中满足条件的样本股用 LVS 方法计算其 $HM_{i,t}$ 值的算术平均值，用 wermers 的方法计算其 $BHM_{i,t}$ 和 $SHM_{i,t}$ 值的算术平均值，从而判断其是否存在羊群行为。

1. 实证检验结果

通过对被 5 只以上基金重仓的股票（共 1421 只）进行分析，我们对各个季度的样本股票的羊群行为度计算如表 3 - 2 所示：

表 3 - 2　我国证券投资基金总体羊群行为测度指标

样本区间	$\overline{BHM}$	$\overline{SHM}$	$\overline{HM}$
200601	0. 132 ***	0. 221 ***	0. 164 ***
	(4. 571)	(4. 115)	(6. 020)
200602	0. 139 ***	0. 209 ***	0. 175 ***
	(3. 912)	(5. 414)	(6. 588)
200603	0. 176 ***	0. 169 ***	0. 172 ***
	(4. 798)	(4. 373)	(6. 478)

续表

样本区间	$\overline{BHM}$	$\overline{SHM}$	$\overline{HM}$
200604	0. 137 ***	0. 204 ***	0. 176 ***
	(3. 779)	(5. 350)	(6. 507)
200701	0. 125 ***	0. 164 ***	0. 146 ***
	(3. 747)	(3. 826)	(5. 285)
200702	0. 138 ***	0. 178 ***	0. 155 ***
	(8. 256)	(4. 422)	(6. 476)
200703	0. 128 ***	0. 214 ***	0. 172 ***
	(4. 118)	(6. 770)	(7. 580)
200704	0. 102 ***	0. 191 ***	0. 144 ***
	(3. 201)	(4. 879)	(5. 658)
200801	0. 133 ***	0. 143 ***	0. 137 ***
	(6. 081)	(3. 724)	(6. 949)
200802	0. 117 ***	0. 189 ***	0. 153 ***
	(4. 567)	(5. 289)	(6. 885)
200803	0. 112 ***	0. 210 ***	0. 156 ***
	(5. 429)	(5. 140)	(7. 043)
200804	0. 165 ***	0. 154 ***	0. 159 ***
	(6. 631)	(5. 090)	(8. 210)
200901	0. 174 ***	0. 182 ***	0. 178 ***
	(6. 216)	(7. 355)	(9. 681)
200902	0. 118 ***	0. 198 ***	0. 167 ***
	(4. 700)	(6. 351)	(7. 673)
200903	0. 196 ***	0. 126 ***	0. 166 ***
	(7. 449)	(4. 759)	(8. 692)
200904	0. 170 ***	0. 147 ***	0. 158 ***
	(6. 885)	(5. 331)	(8. 540)
201001	0. 167 ***	0. 159 ***	0. 163 ***
	(7. 486)	(6. 195)	(9. 746)

续表

样本区间	$\overline{BHM}$	$\overline{SHM}$	$\overline{HM}$
201002	0.149 ***	0.212 ***	0.176 ***
	(8.136)	(7.889)	(11.201)
201003	0.147 ***	0.212 ***	0.177 ***
	(7.526)	(9.595)	(11.916)
总体平均	0.143 ***	0.183 ***	0.163 ***
	(24.438)	(24.735)	(34.544)
样本数	738	683	1421

2. 数据分析

第一，我国证券投资基金从 2006 年 1 季度至 2010 年 3 季度间总体样本的检验值 $HM_{i,t}$ 算术平均值为 0.163。这意味着对于某一只股票 i，如果有 100 基金对其进行交易，较之基金交易行为不存在羊群行为，处于单边市场中的基金数目要多出 16.3 只。T 检验 T 值为 34.544，这充分说明我国证券投资基金的投资行为中确实存在显著的羊群行为。

第二，以上数据中，我们不仅分析得出我国证券投资基金在整体样本空间中存在显著的羊群行为特征，而且各个季度中均表现出显著的羊群行为，这表明我国证券投资基金的羊群行为并非偶然，而是一种普遍现象。

第三，为进一步深入分析我国证券投资基金的投资行为，我们运用 Wermers 的检验方法对基金的买入和卖出行为进行检验，同时也对测度指标进行了 t 检验。实证结果表明我国证券投资基金在整体样本空间的卖出羊群行为度为 0.183，大于买入羊群行为度，且买卖羊群行为度均十分显著。这一结果表明，我国证券投资基金在抛售重仓股时趋同性更强，这可能是由于重仓股遭抛售时基金遭受份额缩水的压力，因此争相抛售套现所致。

3.3.2 我国证券投资基金羊群行为的周期性分析

1. 实证检验结果

为了分析我国证券投资基金的羊群行为是否具有周期性，我们将 2006 年一季度到 2010 年第二季度划分为两个周期，四个阶段。

第一个周期上涨阶段：2006 年 1 季度开盘 1163.88 点上涨至 2007 年 3 季度收盘 5552.3 点；

第一个周期下降阶段：2007 年 4 季度开盘 5683.31 点下跌至 2008 年四季度收盘价的 1820.81 点。

第二个周期上涨阶段：2009 年 1 季度开盘 1849.02 点上涨至 2009 年 4 季度 3277.14 点；

第二个周期下降阶段：2010 年 1 季度开盘 3289.75 点下跌至 2010 年 2 季度收盘时的 2655.66 点。

根据这一划分，我们分别对各个时间段的买入羊群行为、卖出羊群行为、平均羊群行为进行计算，结果如表 3-3 所示：

表 3-3 不同时期我国证券投资基金羊群行为度

样本区间	$\overline{BHM}$	$\overline{SHM}$	$\overline{HM}$
第一个周期上升阶段 (0601－0703)	0.139 ***	0.194 ***	0.166 ***
第一个周期下降阶段 (0704－0804)	0.126 ***	0.177 ***	0.150 ***
第二个周期上升阶段 (0901－0904)	0.165 ***	0.163 ***	0.167 ***
第二个周期下降阶段 (1001－1002)	0.158 ***	0.186 ***	0.170 ***
总体平均 (0601－1003)	0.146 ***	0.183 ***	0.164 ***

2. 数据分析

第一，我国证券投资基金各阶段买入羊群行为度与股市趋势基本相同。2006 年 1 季度至 2007 年 3 季度是研究样本区间中的第一个周期的上涨阶段，基金的买入羊群行为度高达 0.139；2007 年 4 季度到 2008 年 4 季度，这一时间段股市陷入熊市，基金的买入羊群行为度也相继下跌至 0.126。2009 年 1 季度到 2009 年 4 季度，救市政策的出台促成第二轮牛市行情，基金的买入羊群效应度再次上升，高达 0.165；2010 年 1 季度至 2010 年 2 季度，受房地产政策打压以及通胀预期等的影响，股市回调，股市买入羊群效应也相应回落。如图 3 - 1 所示：

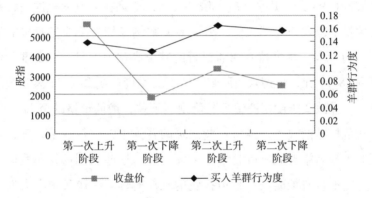

图 3 - 1　我国证券投资基金羊群行为与股市行情关系

第二，我国证券投资基金的羊群行为不论是牛市背景还是熊市背景，卖出羊群行为度（$\overline{SHM}$）均高于买入羊群行为度（$\overline{BHM}$）。这说明了我国证券投资基金的羊群行为在卖出时更加明显，且这种特征与股市周期没有关系。

第三，我国证券投资基金羊群行为度并没有随着我国资本市场的发展而降低。从以上图表可知，我国证券投资基金无论是买入羊群行为、卖出羊群行为还是平均羊群行为，从总体上讲并没有改善的趋势。即使是在基本走出金融危机的时代背景下，我国证券投资基金的羊群行为也丝毫没有减少的趋势。这说明了，超常规发展证券投资基金使得基金行业的人才队伍不能跟上整体基金行业发展的需要，许多年轻的基金经理尚处于简单模仿其他基金投资策略的阶段。

第四，基金羊群效应加剧了股市的波动性，而且这种趋势并没有随着我国证券投资基金业的发展得到改善。我国羊群行为不仅表现在总体上的羊群行为度较高，而且不论是牛市还是熊市，卖出羊群行为度都高于买入羊群行为度。这一现象表现在个股中更加突出。例如，2008 年 2 季度，西山煤电被 20 只基金重仓，然而 3 季度却遭到基金的集体抛售，导致股票连续暴跌，从 2008 年 2 季度最高 60.20 元跌至 3 季度最低 6.98 元，几乎下跌十倍。当然，这是在金融危机这一特殊的历史背景下出现的极端案例。另一典型案例是拥有 216 亿股本的招商银行，2010 年 1 季度持有招商银行的基金高达 101 只，一季度股价最高达到 18.11 元，可谓众望所归。然而 2 季度遭到共计 74 只基金的集体抛出，导致 2 季度招商银行股价剧烈下跌，最低价格跌至 12.31 元，在金融危机渐渐离去，经济不断回暖的背景下，仅仅一个季度，这只流通股本排名第五的权重股缩水 32% 之多。这些案例都说明我国证券投资基金的投资策略与其价值投资的理念有悖，有违我国大力发展机构投资者的初衷，加剧了我国资本市场的波动。

3.3.3 我国证券投资基金羊群行为的行业特征分析

1. 实证检验结果

在分析我国证券投资基金羊群行为的行业特征时，我们采用我国证监会的分类方法，将样本股票分为 13 类：采掘业、电力煤气及水的生产和供应、房地产业、建筑业、交通运输与仓储、批发和零售贸易、信息技术行业、制造业、金融保险、综合类、传播与文化、农林牧渔业、社会服务业。由于本书分析的是 5 只以上基金共同重仓的股票，因此分析中剔除了农林牧渔业、传播与文化行业及社会服务业等样本股较少的行业数据。其检验结果如表 3 – 4 所示：

表 3 – 4　按目标股行业分类的基金羊群行为测度

行业	$\overline{BHM}$	$\overline{SHM}$	$\overline{HM}$
采掘业	0. 186 ***	0. 213 ***	0. 200 ***
	(8. 600)	(9. 184)	(12. 559)
电力煤气及水的生产和供应	0. 142	0. 262 ***	0. 218 ***
	(1. 788)	(6. 049)	(5. 305)
房地产业	0. 140 ***	0. 200 ***	0. 172 ***
	(6. 099)	(7. 505)	(9. 578)
建筑业	0. 211 ***	0. 309 ***	0. 252 ***
	(4. 642)	(7. 122)	(7. 683)
交通运输与仓储	0. 131 ***	0. 186 ***	0. 163 ***
	(4. 294)	(5. 957)	(7. 313)
批发和零售贸易	0. 125 ***	0. 162 ***	0. 142 ***
	(5. 617)	(5. 257)	(7. 656)
信息技术行业	0. 136 ***	0. 139 ***	0. 138 ***
	(5. 026)	(4. 333)	(6. 673)
制造业	0. 159 ***	0. 220 ***	0. 186 ***
	(18. 316)	(18. 830)	(25. 893)
金融保险	0. 105 ***	0. 069 ***	0. 086 ***
	(6. 770)	(5. 067)	(8. 348)
综合类	0. 182 ***	0. 177 * *	0. 180 ***
	(5. 051)	(2. 762)	(5. 426)
总体平均羊群行为度	0. 152	0. 194	0. 174

注：括号中给出的是 t 统计量，上标为 * 表示该羊群行为度在 10% 的水平上显著不为 0，* * 为在 5% 的水平上显著不为 0，*** 为在 1% 的水平上显著不为 0，其他表示不显著。

2. 数据分析

第一，根据表 3－4 数据，我们发现按行业分析，十个行业数据中仅有两个行业即批发零售贸易行业和金融保险行业的羊群行为度小于上文的平均总体羊群行为度。这一特征说明我国证券投资基金羊群行为呈现行业板块特征，也说明了我国股市呈现板块轮动效应的原因可能是由于羊群行为所致。但是羊群行为的行业特征如此显著，我们认为这可能是由于国内企业创新不足，同行业内各个企业间技术差异不大，特征相近所致。

第二，证券投资基金的羊群行为主要集中在采掘业、电力煤气及水的生产和供应、房地产业、建筑业、制造业、综合类等传统行业内。金融行业的羊群行为度与其他传统行业相比相对较低，其原因可能由于金融类上市公司股本规模大，流动性较强受大盘股效应影响所致（见下文规模特征分析），即 Wermers 的观点：由于大盘股受到市场广泛的关注，可搜集的信息较多，基金经理更有可能利用自身获得的信息做出独立决策。

3.3.4 我国证券投资基金羊群行为的规模特征分析

1. 实证检验结果

这一部分的分析，我们将所有股票季度样本按 2010 年底 A 股的流通股本从大到小分为五组：

流通股本规模小于 2 亿股的归结为小盘股❶；流通股本在 2 亿股到 5 亿股的样本界定为中盘股；流通股本在 5 亿股到 10 亿股的界定为大

---

❶ 一般认为股本小于 1 亿股的为中小盘股，但本书出于样本选择条件比较严格：不仅要求所选样本为基金前十名重仓股，而且要求同时被 5 只以上基金共同重仓持有。如此流通股本为 1 亿股以下的样本数量太少不足以进行计量分析。为便于分析这里将小盘股界定为流通股本 2 亿以下者。

盘股；流通股本超过十亿股的归为超级大盘股。

经回归分析得出如表 3 - 5 的结果：

表 3 - 5　我国证券投资基金羊群行为的规模特征分析

规模	$\overline{HM}$	样本数
50 亿以上	0. 140 *** (16. 201)	356
10 亿到 50 亿	0. 168 *** (21. 158)	513
5 亿到 10 亿	0. 169 *** (16. 387)	301
2 亿到 5 亿	0. 180 *** (14. 279)	219
2 亿以下	0. 190 *** (5. 708)	32
合计	—	1421

2. 数据分析

从表 3 - 5 中数据分析可以发现，无论基金投资的样本股是小盘股、中盘股、大盘股还是超级大盘股，均存在显著的羊群行为。且羊群行为度与股票规模呈反向变化，即流通股本越小的目标股票，羊群行为度越高（如图 3 - 2 所示）。

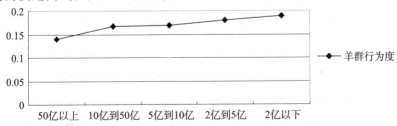

图 3 - 2　按股本规模分析基金羊群行为度

我国证券投资基金羊群行为特征表现为：随着目标股票规模的减小，羊群行为度增大。这与国外学者实证结果较为一致：Wermers（1990）实证证明了美国共同基金的羊群行为更容易发生在小盘股上。其解释原因有二：其一，大盘股受到市场广泛的关注，可搜集的信息较多，基金经理更有可能利用自身获得的信息做出独立决策；相反，小盘票可获得的公共信息相对较少，基金经理的信息收集成本更高，更容易采取从众的行为。

　　除此之外，根据我国股市的特征，笔者认为我国证券投资基金羊群行为表现出明显的规模特征其原因除 Wermers 的解释外，主要原因还有：首先，近年来尤其是创业板的成立，一级市场上新上市的股票大多集中于小盘股，在新股不败的神话下，一旦有机会基金公司就会到一级市场搏一把，尽管我们的分析剔除了新股的买入羊群效应，但一旦获利基金公司会集中卖出，发生卖出羊群效应，这也增加了平均总体羊群行为度，一定程度地揭示了我国小盘股羊群行为大于大盘股的原因。其二，由于我国证券投资基金考评体系注重短期业绩，基金经理面临很大的业绩压力，基金经理会倾向于通过拉升权重股窗饰业绩，这样必然表现出投资策略趋同的羊群效应。而近年来大批成立的基金盘子小，要想窗饰业绩就必须投资于盘子较小的中小盘股票，这种小盘基金频繁的业绩窗饰行为必然加大投资于中小盘股票基金的羊群行为度。最后，由于股票的流动性与股票的盘子成正相关，小盘股中个别基金的抛售行为更容易引起个股迅速下挫，股市的迅速下挫更容易引起个人投资者的恐慌性抛售行为，这反过来又会对其他基金经理投资心理产生影响，引发证券投资基金羊群行为共同抛售以防套牢。相反，对于大盘股、超级大盘股而言，由于盘子巨大，股票流动性较强，单个基金对股价影响有限，不会引起个别投资者恐慌性抛售，从而也不会因此引发其他基金的跟随行动。

3.3.5 中美证券投资基金羊群行为的比较分析

通过上文对我国证券投资基金的分类分析可以确定，我国证券投资基金存在显著的羊群行为。为了深入研究我国证券投资基金羊群行为形成的原因，我们有必要运用国际比较的方法将上述研究成果与美国共同基金羊群行为主要研究成果进行比较分析。之所以选择美国共同基金羊群行为研究成果作为对比对象原因有二：其一，美国是当今世界资本市场最发达、共同基金数量最多的国家，能够代表规范市场，因此以美国作为对比对象更能够反应我国证券投资基金羊群行为与发达国家的差异。其二，从研究方法讲，美国羊群行为的研究成果中具有代表性的方法都是运用 LSV 模型，而上文中我们选择的研究方法同样是 LSV 方法，如此本书的研究成果与美国的研究成果具有可比性。

通过表 3-6 中的比较，很容易发现与我国证券投资基金存在显著的羊群行为不同，美国共同基金的羊群行为并不显著。我们认为这种差异的根本原因在于两国基金在制度层面的不同以及市场发达程度上的差距。具体如下：第一，美国的资本市场共同基金管理人具有很强的外部约束。美国拥有全球最发达的资本市场，不仅具有完善的法律法规，而且具备健全的市场监管体系和管理制度，因此具有很强的外部约束。第二，美国证券市场具备良好的市场基础。美国上市公司治理结构相对完善，上市公司质量较高，可供基金选择的投资对象很多且信息披露比较充分，因此具备良好的市场基础可供共同基金投资选择。第三，美国共同基金市场竞争激烈，职业经理人市场也相对发达，有良好的声誉约束机制和激励机制。而在我国，不仅外部约束有限，内部激励不足，而且上市公司创新能力较差，公司间差异性小，基金选择范围有限难免投资风格雷同；更兼之微观信息披露较少，因此股票的投资取向更多地取决于影响整体证券市场的宏观信息。这就决定了我国证券投资基金往往看宏观政策的眼色行事，投资策略相同，投资目标扎堆，这些因素都极易引起证券投资基金的羊群行为。

表 3 - 6 　中美证券投资基金羊群行为的研究结果比较

国别	研究学者	样本区间	样本数量	使用方法	结果	结论
美国	Lakonishok 等（1992）	1985 ~ 1989	769 家养老基金	LSV 法	0. 027	不显著
美国	Grinblatt 等（1995）	1974 ~ 198	274 家共同基金	LSV 法	0. 025	不显著
美国	Wermers（1999）	1975 ~ 1994	2424 家共同基金	LSV 法	0. 034	不显著
我国	本书 HM	所有普通股票型基金	235 只普通股票型基金	LSV 法	0. 163	显著
我国	本书 BHM	所有普通股票型基金		LSV 法	0. 143	显著
我国	本书 SHM	所有普通股票型基金		LSV 法	0. 183	显著

第4章　我国证券投资基金业绩窗饰行为问题的研究

业绩窗饰（Window Dressing，也可以称作"painting the tape"，"marking up"，见 Carhart（2002））[51]是指在某一特定时期，基金管理公司等机构投资者，出于自身利益考虑，通过拉升其管理的证券组合的收盘价格，来窗饰其报表业绩。

关于证券投资基金的这种异常行为的成因，我们认为主要是投资者与基金管理人在信息不对称的情况下产生的委托代理问题。由于基金净值增长率是否跑赢大盘以及基金排名是否靠前在很大程度上决定基金经理个人的前程以及基金管理公司的未来发展。因此，在基金业绩报告（年报、半年报、季报）公布之前，基金公司有动机动用巨额资金拉升其早已持仓的股票投资组合的尾盘价格，来窗饰业绩报告，从而给投资者一个善于选股投资的印象。

4.1　证券投资基金业绩窗饰行为实证检验方法介绍

证券投资基金窗饰业绩报表，应当选择一种以最小的代价最有效的措施，在最佳时机突然拉升其持仓股票的价格，从而实现提高该证券投资基金净值的目的。这种行为的直接结果就是会导致在拉升其持仓股收盘价格的这一天，该证券投资基金净值收益率会明显超过整个市场组合的收益率（为分析方便，我们将基金净值收益率与整个股票市场组合收益率之间的差额定义为证券投资基金超额收益率，下文同）。由于证券投资基金业绩公布是定期的（季度报告、半年报和年报），这就决定了这个最佳时期是每个季度末的最后一个交易日。而下一个交易日已经进入下一个季度，证券投资基金已经没有继续大举买入持仓股从而拉升该股股价的必要，因此，该交易日该证券投资基金净值收益率相对整个股票市场组合收益率将不会继续显著上升，甚至会出现明显下降的迹象❶。进一步的，不同类型的基金具有不同的业绩压力，不同的业绩窗饰需求，因而，不同类型的基金季度末很可能会产生不同的超额收益。不仅如此，基金若要在季度末成功完成业绩窗饰，其拉升股价的行为必须要具有隐蔽性和有效性。这些内容将在本章重点展开研究。

4.1.1　我国证券投资基金业绩窗饰行为的存在性

本书在证券投资基金业绩窗饰行为的实证分析中将采用 Carhart，Mark，Kaniel，Musto 和 Reen 等人提出的方法（2002）[51]，用以下方程检验基金是否存在业绩窗饰行为。

$$ER_{i,t} = b_{i,0} + b_{i,1}YEND_t + b_{i,2}YBEG_t + b_{i,3}QEND_t +$$
$$b_{i,4}QBEG_t + b_{i,5}MEND_t + b_{i,6}MBEG_t + \varepsilon_{i,t} \qquad （式 4-1）$$

$ER_{i,t} = FR_{i,t} - RM_t$；$ER_{i,t}$ 表示证券投资基金 i 相对于整个股票市场的超额收益率；$FR_{i,t}$ 为第 i 只证券投资基金在第 t 日的基金净值收益率；RM_t 为股票市场组合在第 t 日的收益率。$YEND_t$，$YBEG_t$，$QEND_t$，$QBEG_t$，$MEND_t$，$MBEG_t$ 等均是虚拟变量。$YEND_t$ 在年末的最后一个交易日为1，在其他交易日为零；$YBEG_t$ 在年初的第一个交易日为1，在其他交易日为零；$QEND_t$ 在季度末但非年度末的最后一个交易日（即3

---

❶　不进行大规模主动买入行为并不意味着基金会大规模主动卖出前一交易日买入的重仓股，因此也未必就会导致这些重仓股的股价大规模下降，从而季度初基金净值超额收益率不一定会显著为负。

月、6 月和 9 月的最后一个交易日，下文依此类推）为 1，在其他交易日为零；$QBEG_t$ 在季度初但非年度初的第一个交易日为 1，在其他交易日为零；$MEND_t$ 在月度末但非季度末或年度末的最后一个交易日为 1，在其他交易日为零；$MBEG_t$ 在月度初但非季度初或年度初的第一个交易日为 1，在其他交易日为零；$b_{i,0}$ 为常数项；$\varepsilon_{i,t}$ 为误差项。

4.1.2　不同类型证券投资基金业绩窗饰行为比较

我国证券投资基金按照投资风格可分为成长型基金、价值型基金、平衡型基金三种类型。不同类型的证券投资基金对短期业绩的追求程度不同，因此其投资风格也有所不同。一般说来，三种类型中，成长型基金的侧重点是在挖掘当前成长性较好的股票，其对短期业绩要求最高，面临的短期业绩压力最大，因此其业绩窗饰的动机最强；价值型基金则正好相反，他往往注重股票未来的业绩（至少从形式上如此），面临的短期的业绩压力在三者之中最小，因此该类证券投资基金业绩窗饰动机也最小；平衡型基金的投资风格介于两者之间，因此其面临的短期业绩压力、业绩窗饰动机等都在这两者之间。从以上分析可知，如果这些分析成立，则成长型基金季末超额收益率应当最高；价值型基金季末超额收益率应当最低；平衡型基金的超额收益率则介于两者之间。

4.1.3　我国证券投资基金业绩窗饰行为的途径

证券投资基金能否成功进行业绩窗饰，主要取决于以下两个因素，第一个因素是该证券投资基金在季度末最后一个交易日尾盘所拉升的股票价格对基金净值的贡献应当较大，否则效果不佳；另一个因素是证券投资基金在股价拉升前，被选拉升股应当不被市场关注，应具有隐秘性，否则证券投资基金会遇到卖方获利抛压，难度很大。从以上两个因素分析可知，证券投资基金应当选择基金持股市值占基金净值比率较高的股票（又称基金重仓股）以及证券投资基金所持重仓股中换手率相对较低的股票作为拉升对象。因此，我们研究我国证券投资基金业绩窗饰行为途径时，也主要是通过考察这两种股票的期末超额收益率特征来分析基金业绩窗饰行为的方式。

4.2 我国证券投资基金业绩窗饰行为实证检验

4.2.1 我国证券投资基金总体业绩窗饰行为的存在性检验

1. 样本数据及其说明

由于我们的分析目标是基金业整体的业绩窗饰行为，我们选用中证股票基金指数来研究股票型基金整体行为特征。中证股票型基金指数样本由中证开放式基金指数样本中的股票型基金组成，能够代表股票型基金的总体特征，完全满足我们分析的需要。同时，考虑到2003年以前开放式基金数量很少，市场代表性不强，之后几年由于开放式基金快速发展并很快成为市场中的主角，因此本书将选取2003年12月24日至2010年8月6日共1609个交易日数据展开研究。需要注意的是，之所以没有研究封闭式基金的行为，一方面是由于封闭式基金每周公布一次基金净值，数据具有间断性，无法展开研究；另一方面截至2010年年底基金市场中封闭式基金只有34支，没有代表性，而开放式基金是市场的主体，基金数量多达668只，占整个证券投资基金市场的近93.75%，对证券投资基金市场具有代表性。

中证股票型基金指数日收益率可以直接从wind数据库中得到（考虑了分红、复权），本部分研究中用到的市场组合收益率将采用上证综指日收益率代替，其计算公式如下（由于日收益率的绝对值较小，为了便于计算，将其扩大 100 倍）：$RM_t = (P_t/P_{t-1} - 1) \times 100$，$P_t$ 为第 t 个交易日上证综指收盘价。

2. 实证检验

这部分的检验，我们选用中证股票型基金指数收益率代表整个股票型基金的平均收益率，检验股票型基金整体业绩的超额收益是否存在日历效应，从而说明基金是否存在窗饰业绩的行为。我们采用 Carhart，Mark，Kaniel，Musto 和 Reen（2002）中的方法构造回归方程：

$$ER_t = b_0 + b_1 YEND_t + b_2 YBEG_t + b_3 QEND_t +$$
$$b_4 QBEG_t + b_5 MEND_t + b_6 MBEG_t + \varepsilon_t \qquad （式 4 - 2）$$

需要说明的一点是，上式中与公式 4 - 1 只相差下标 i，这是因为我们以中证股票型基金指数（或者下文中的某一类型基金）为代表研究整个基金行为，而非具体某一只基金，因此省去下标。式中，$ER_t = FR_t - RM_t$，ER_t 为中证股票型基金的平均超额收益率；FR_t 为第 t 日中证股票型基金指数的平均收益率；RM_t 为 t 日股票市场组合平均收益率。其他各虚拟变量的含义与公式 4 - 1 同，显然，这些虚拟变量是相互独立的。上式的 OLS 估计结果整理如表 4 - 1 所示。

表 4 - 1　股票型基金整体业绩窗饰的检验

	YEND	YBEG	QEND	QBEG	MEND	MBEG
股票型基金超额收益率	- 0.017	- 0.218	0.369	- 0.085	0.080	0.088
prob	（0.823）	（0.299）	（0.024 **）	（0.399）	（0.644）	（0.581）

注：表中 *，**，*** 分别表示在 10%，5% 和 1% 的显著性水平下通过检验。YEND 项下括号中数据表示剔除异常数据后的平均超额收益率，其他括号中数据表示显著性水平。

由表 4 - 1 分析得，基金季末超额收益率显著为正，符合我们最初的假设。年末平均收益率不显著且为负数，但这一数据不能通过检验。

年初/季初数据都为负数，但在统计上不具显著性。月末/月初超额收益率都为正，但都不显著，说明在月末/月初基金收益率与市场收益率没有明显差异，没有证据能说明基金会在月末进行业绩窗饰。因此，可以判断我国证券投资基金确实存在业绩窗饰的行为，但是与 Carhart 等人（2002）所研究的国外证券投资基金业绩窗饰行为有所区别：我国证券投资基金的业绩窗饰行为主要发生在季度末，而年末、月末业绩窗饰行为不显著。这可能是由于我国证券投资基金的信息披露主要是通过发布季报，因此基金评价主要参考基金的季度业绩，因此基金有必要在季度末而非月末窗饰业绩。至于年末没有显著的业绩窗饰迹象可能主要是由于基金每年都需要面对分红压力，因此年度业绩越好，分红压力也越大。出于降低分红压力的考虑，基金在年末并不积极进行业绩窗饰。

4.2.2　不同类型证券投资基金业绩窗饰行为的实证分析

这部分研究所需的数据直接取自 wind 基金投资风格指数分类中的成长型风格指数、平衡型风格指数、价值型风格指数（都考虑了分红和除权）。这三个指数用来代表成长型基金、平衡型基金、价值型基金业绩特征。按照公式 4 - 2 逐个对三种投资风格的基金指数进行回归、整理，结果如表 4 - 2 所示。

由上表数据可得，成长型基金季度末获得 0.455% 的超额收益，这一结果在 5% 的显著性水平下通过检验；平衡型基金的季末超额收益为 0.432，但并不显著；价值型基金季末数据在 1% 的显著性水平下通过检验，但超额收益率却为 - 0.288。这说明了，成长型基金、平衡型基金和价值型基金投资风格不同，因短期业绩压力从而业绩窗饰动机逐级递减。其他时间的数据除了平衡型基金季度初通过检验外都没能通过检验。需要注意的是，这三类基金年末超额收益都为负数，但都未通过显著性检验。

表 4 - 2　基金类型与业绩窗饰关系

	YEND	YBEG	QEND	QBEG	MEND	MBEG
成长型超额 收益率	- 0. 043	- 0. 217	0. 455 **	- 0. 087	0. 084	0. 120
p - value	(- 0. 786)	(- 0. 390)	(- 0. 012)	(- 0. 458)	(- 0. 646)	(- 0. 416)
平衡型超额 收益率	- 0. 106	- 0. 080	0. 432	- 0. 083 ***	0. 061	0. 107
p - value	(0. 366)	(0. 519)	(0. 226)	(0. 005)	(0. 603)	(0. 107)
价值型超额 收益率	- 0. 375	0. 294	- 0. 288 ***	- 0. 687	- 0. 065	0. 265
p - value	(0. 574)	(0. 647)	(0. 008)	(0. 402)	(0. 827)	(0. 470)

注：表中 *，**，*** 分别表示在10%，5%和1%的显著性水平下通过检验。YEND
项下括号中数据表示剔除异常数据后的平均超额收益率，其他括号中数据表示显著性
水平。

　　为了更加形象地比较三类基金业绩窗饰程度，我们将三类基金
年末和季末超额收益率关系用图表示。可以清楚地看到，无论是年
末还是季末，成长型基金的超额收益率都排第一，价值型基金的超
额收益率排最后，而平衡型基金的超额收益率则居二者之间。这说
明成长型基金业绩窗饰需求最大，动机最强；价值型基金由于其投
资风格重在企业未来的价值发掘，因此，短期内的业绩压力相对最
小，业绩操纵动机也最小；平衡型基金则介于二者之间，如图 4 -
1 所示。

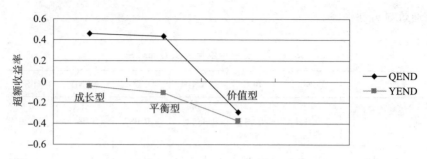

图 4 - 1　基金类型与基金业绩窗饰关系

4.2.3　我国证券投资基金业绩窗饰途径的实证分析

证券投资基金业绩窗饰能否达到预期目的，关键在于如何选择拉升的股票，以期能以最少的资金起到最大的拉升作用。原理上讲，如果重仓股在基金持股中所占比例越高，基金对其拉升能达到更大的提高基金净值的目的；另一方面，如果重仓股成交越不活跃（换手率越低），越不易引起注意，基金行为也越隐蔽，拉升阻力越小，可以用较少的资金达到最大程度的拉升目的。为分析方便，我们将这两者分别称之为重要度和拉升难易度。

1. 重要度检验

基金重仓股的重要度可以由基金持股市值占基金净值的比例来代表，我们按照比例的高低将重仓股平均分为 5 组，即 a，b，c，d，e 组。从 a 到 e，重要度逐级递减。需要注意的是，由于数据的可得性，这里基金重仓股市是指基金季报、半年报、年报公布的每只基金的前十只重仓股，样本区间选择从 2003 年年底到 2010 年第二个季度末，共 1591 个交易日数据。

我们用公式 4 - 2 对重仓股重要度与基金业绩窗饰效果进行实证检验。结果如表 4 - 3 所示。

表 4 - 3　基金重仓股重要度与业绩窗饰效果

	YEND	YBEG	QEND	QBEG
a 超额收益率	0.044	− 0.347 *	0.802 ***	− 0.029
p – value	(0.628)	(0.072)	(0.001)	(0.219)
b 超额收益率	− 0.270	0.320	0.544 *	− 0.053
p – value	(0.181)	(0.708)	(0.084)	(0.233)
c 超额收益率	0.171	0.210	0.546	0.173
p – value	(0.934)	(0.982)	(0.125)	(0.897)
d 超额收益率	0.019	0.654	0.416	0.020
p – value	(0.706)	(0.197)	(0.263)	(0.530)
e 超额收益率	− 0.085	0.770	0.245	0.309
p – value	(0.496)	(0.137)	(0.796)	(0.594)

注：表中 * , ** , *** 分别表示在 10% , 5% 和 1% 的显著性水平下通过检验。YEND 项下括号中数据表示剔除异常数据后的平均超额收益率，其他括号中数据表示显著性水平。

从表 4 - 3 的结果中我们发现，季度末数据中 a 组重仓股在 1% 的显著性水平下获得了 0.802% 的超额收益，b 组重仓股数据在 10% 的显著性水平下获得 0.544% 的超额收益，其他 c，d，e 组重仓股的季度末超额收益率逐级递减且都没有通过显著性检验。年末数据则无一显著，但年初数据中 a 组重仓股在 10% 的显著性水平下获得 − 0.347% 的收益。

我们将表 4 - 3 中的超额收益率与季度末基金持股市值占基金净值比，即重仓股的重要度关系用图 4 - 2 表示。可以发现，从 a 到 e 组股票，其平均超额收益率递减，而且超额收益率检验的显著性也是逐级递减（见图 4 - 2），这说明基金业绩窗饰主要是通过季度末拉升基金持股市值占基金净值比高的重仓股组合实现的，即 a 组股票。

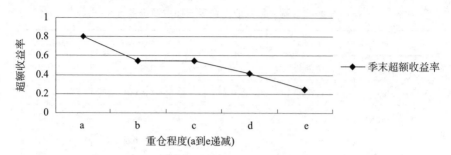

图 4 - 2　基金重仓股重要度与业绩窗饰效果

2. 拉升难易度检验

证券投资基金业绩窗饰成功与否的另一个关键因素是拉升的隐蔽性，或者说难易度。我们将季末最后交易日的前五天平均换手率作为业绩窗饰难易度指标，从难到易分（即换手率从高到低）为 a，b，c，d，e 5 组。我们用同样的分析方法分析股价拉升难易度与业绩窗饰效果的关系，结果见表 4 - 4 所示。

表 4 - 4　基金重仓股拉升难易度与业绩窗饰效果

	yend	ybeg	qend	qbeg
a 超额收益率	− 0. 216	1. 309 **	0. 372	0. 291
prob	（0. 262）	（0. 026）	（0. 774）	（0. 990）
b 超额收益率	− 0. 152	0. 647	0. 529	0. 310
prob	（0. 360）	（0. 200）	（0. 107）	（0. 549）
c 超额收益率	− 0. 017	0. 206	0. 271	0. 020
prob	（0. 636）	（0. 836）	（0. 494）	（0. 544）
d 超额收益率	0. 068	− 0. 024	0. 451	− 0. 041
prob	（0. 797）	（0. 587）	（0. 113）	（0. 315）
e 超额收益率	− 0. 009	− 0. 6745 **	0. 573 **	− 0. 133
prob	（0. 641）	（0. 01）	（0. 036）	（0. 161）

注：表中 * ，** ，*** 分别表示在 10% ，5% 和 1% 的显著性水平下通过检验。YEND 项下括号中数据表示剔除异常数据后的平均超额收益率，其他括号中数据表示显著性水平。

68

我们发现，季度末数据中只有 e 组重仓股在 5% 的显著性水平下获得了 0.573% 的最高超额收益，其他 a，b，c，d 4 组数据都未能通过显著性检验。年末数据中除 d 组重仓股平均超额收益率稍大于零外，其他组数据均小于零，且均不显著。

我们将季度末各组数据的超额收益率与拉升难易度之间的关系用图 4 - 3 表示。可以得出结论：从 a 到 e 的 5 个股票组合，平均超额收益率总体趋势上升，其中 e 组股票季末平均超额收益率最高，而且也是季末数据中唯一通过显著性检验的，这说明基金业绩窗饰行为是通过季度末最后一个交易日拉升换手率最低的重仓股实现的，符合我们之前的理论推测。

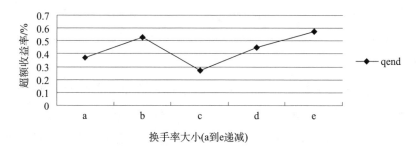

图 4 - 3　基金重仓股拉升难易度与业绩窗饰效果

4.3　我国证券投资基金业绩窗饰行为实证检验结论

第一，我国股票型基金总体上在季末出现显著的异常拉升现象，说明了我国的股票型投资基金存在季末业绩窗饰行为。同时，我们的研究并没有足够的证据表明股票型基金在年末、月末存在显著的业绩窗饰行为，这与 Carhart 等人 （2002）[51] 所研究的国外证券投资基金业绩窗饰行为有所区别。我们认为这可能是由于我国证券投资基金主要是通过发布季报、半年报、年报进行信息披露，而这些定期发布的报表是基金评价的主要参考凭据，因此基金有必要在季度末而非月末窗饰业绩。至于年末没有显著的业绩窗饰迹象可能主要是由于基金每年都需要面对分红压力，因此年度业绩越好，分红压力也越大。出于降低分红压力的考虑，基金在年末并不积极进行业绩窗饰。

第二，我国证券投资基金中，成长型基金季末超额收益率最大且通过显著性检验，价值型基金季末超额收益最低且不显著，而平衡型基金则居其中。这说明成长型基金对短期业绩要求较高，业绩压力最大，季度末业绩窗饰动机最强。

第三，根据基金季报、半年报和年报披露的基金重仓股数据，基金持股市值占基金净值比最高的股票组合季末超额收益率最高且通过显著性检验。随着该比例的降低（重要度降低），超额收益率和显著性都呈递减规律。这表明季末拉升对基金净值最具影响力的股票价格是基金公司业绩窗饰的途径之一。

第四，基金业绩窗饰的另一个途径是拉升重仓股中隐蔽性最强（难易度最低）的股票组合。实证表明，季度末前五个交易日平均换手率最低的股票组合其超额收益率最高，也是唯一通过显著性检验的股票组合。

第5章 我国证券投资基金利益 输送问题的研究

我国证券投资基金在经历了超常规发展之后，基金业得到了空前发展，与此同时基金这种投资模式也逐渐为广大民众所接受，据统计2009年仅开放式基金存量基民数量就达到9800多万户。基金业的发展承载着数以亿计基民的利益，因此，基金公司及其从业人员是否存在利益输送等违规行为一直是监管部门监控的重点，也是社会各界关注的焦点。

2000年10月《财经》杂志的一篇"基金黑幕"[86]首次揭示了基金管理公司存在通过对倒、倒仓等手段获取不当利益的违法违规操作行为，颠覆了人们关于"基金是理财专家，是值得信赖的理性投资者，能够对市场稳定起着举足轻重的作用等"的论调。"基金黑幕"的揭发可谓一石激起千层浪，以博时基金为首的十大基金公司发表声明表示：坚决不能接受对基金行业的全盘否定。但这一报告却引起社会各界尤其是监管层的注意，并于其后相继出台了各种规范基金行为的规章制度。然而，时隔十年之久，基金违规行为是否彻底得到了遏制？基金的信任危机是否已经得到彻底解决？这一章将以基金管理公司利益输送为研究对象，对此问题展开论述。需要说明的是，这里研究的利益输送问题主要是基金管理公司与其他公司以及其旗下基金间的利益输送，是一种至少在形式上是公对公的行为，因此我们不把基金从业人员"老鼠仓"行为包括在内，因为这是一种彻底的个人行为，同时由于基金从业人员"老鼠仓"行为的敏感性和重要性，我们对这部分内容单独进行研究。

5.1 利益输送的概念与分类

"利益输送"原意指通过"地下通道"转移资产行为。它被用于描述企业的内部人或控制者为了个人利益将企业的资产和利润转移出去。而基金行业的利益输送则定义为基金管理公司为获取更多业绩报酬或者管理费，以及其他违法违规收益，有意地在同一家族的基金内部、基金与控股股东、基金与合作伙伴等利益群体间输送利益，而损害一部分投资者利益的行为。

证券投资基金利益输送的形式按照基金公司与利益输送对象的关系分为纵向利益输送（上下级单位）、横向利益输送（基金与外部企业）、内部利益输送三大类。本书对这三种利益输送方式分别以代表性的案例进行研究。其中基金与关联股东之间的利益输送代表纵向利益输送，基金与主要合作伙伴之间的利益输送代表横向利益输送，基金管理公司旗下所管理的基金之间的利益输送代表内部利益输送（如图 5－1）。无论利益输送的形式如何，损害的都是广大的基金投资人，都会严重影响我国证券投资基金业的健康发展。

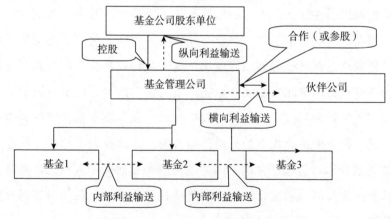

图 5－1 基金公司利益输送方式示意图

72

5.1.1　纵向利益输送

这里所谓纵向利益输送是指证券投资基金公司与其实际可控制人或控股单位之间的利益输送。其具体形式呈现多样化，例如，基金管理公司对其股东单位所控股的上市公司高位接盘，配合上市公司解禁股套现等。如果证券投资基金公司的控股方本身就是证券公司，基金公司向股东单位输送利益最直接有效的方式则是租用控股券商的交易席位，通过基金频繁交易扩大交易量，同时为控股股东赢得更多的佣金收入。基金的这种扩大交易量的行为有违基金价值投资的理念，直接损害了基金投资人的利益。

5.1.2　横向利益输送

横向利益输送主要是指基金管理公司向其合作伙伴进行的利益输送行为。横向利益输送的表现主要是：基金管理公司通过高位接盘向与其有长期来往或其他有合作关系的上市公司进行利益输送。这种方式不仅涉及关联交易，而且涉及内幕交易等市场操纵行为。

5.1.3　内部利益输送

内部利益输送是指同一家基金管理公司旗下的不同基金之间进行利益输送。基金公司内部利益种类较多，包括：封闭式基金向开放式基金进行利益输送；公募基金向专户理财产品进行利益输送；新发型基金向老基金进行利益输送；非自购产品向自购产品进行利益输送；公募基金向基金管理公司管理的社保基金进行利益输送；其他一般公募基金之间的利益输送。不同类型的内部利益输送其原因也都不尽相同，封闭式基金与开放式基金的利益输送往往是由于开放式基金有较大的业绩压力和赎回压力，并且对业绩要求相对较高。而公募基金对专户理财产品的利益输送则是由于后者有更大的激励，专户理财可以按照业绩的一定比例分享一定的业绩报酬，其最高比例高达 20%，而公募基金只能按照基金的净值提取固定管理费，这使得基金管理公司存在提升专户理财账户业绩的动力。新基金由于需要一定时间建仓，而且新基金的赎回需要在封闭期过后，因此，新基金的压力要比老基金小的多。在我国发布允许基金管理公司运用固有资金购买自有基金后，基金公司的利益疏通就又多了一个渠道，而且基金公司由于先天的信息优势，更容易在基金交易中获取收益。基金管理公司为了稳定其全国社保基金管理资格，动用公募基金配合社保基金地位吸筹，高位套现创造良好的管理业绩。除了这几种基金之间的利益输送之外，其他公募基金之间也有利益输送的动机，比如：出于某种考虑，各只基金相互帮助提升业绩，对倒操作掩护某只基金先行撤出等。

5.2 我国证券投资基金利益输送案例分析

按照上文对证券投资基金利益输送分类的方法，我们对每一类的利益输送以案例分析的形式进行论述。这里需要说明的是，出于学术研究的严谨性和所探讨问题的敏感性，这里将除了已经被查实的华安事件以外的其他案例都称之为疑似案例。

5.2.1 基金纵向利益输送案例分析

基金纵向利益输送的形式中，最具有代表性的就是基金管理公司通过所管理的基金产品租用券商股东的交易席位来向股东券商输送利益。具体形式是基金通过频繁交易帮助券商股东提高佣金收益，损害基金持有人的利益。这种利益输送的行为已经引起管理层的注意，证监会于 2007 年 2 月 16 日出台了《关于完善证券投资基金交易席位制度有关问题的通知》，《通知》明确规定：一家基金公司在一家证券公司的交易席位买卖证券的交易佣金，不得超过其当年所有基金买卖证券交易佣金的30%。但万家基金管理公司却名目张胆地触犯了这一条例。2008年，万家基金公司在齐鲁证券产生的年交易佣金占该公司管理的所有基金年交易佣金的比例达37.57%，明显违反了证监会的规定。

进一步分析发现，万家基金租用的交易席位主要分布在齐鲁证券和江南证券之间。其中，齐鲁证券是万家基金管理公司的直接控股股东，拥有其49%的股权。

根据万家上证180指数基金2008年年度报告，万家基金第一大股东齐鲁证券占据了交易额的"大头"，占当期股票成交总额和佣金份额的71.17%，佣金高达512.7万元。不仅如此，万家公用事业基金、万家和谐基金也分别向齐鲁证券贡献了13.06%和20.71%的佣金。万家基金系列为其大股东齐鲁证券共计贡献了735万的佣金收入，占整个交易席位的37.57%，严重违反了证监会《关于完善证券投资基金交易席位制度有关问题的通知》中的规定。

不仅齐鲁证券的席位受到万家基金的偏爱，而且江南证券的交易席位也受到了万家系的偏爱。万家180、万家公用事业、万家和谐、万家双引擎的2008年度报告中披露，这四只基金总共为江南证券贡献了298万元的交易佣金，占全部佣金的15.23%（如表5－1所示）。

在万家基金管理公司的股东中并没有江南证券的身影，而且江南证券在我国证券公司中排名相对靠后[1]，与国内其他大的券商相比在各项指标上没有优势，万家基金为何青睐江南证券呢？通过分析发现万家基金与江南证券虽然在表面上没有任何关系，不过通过深入调查江南证券与万家基金管理公司的股东背景，我们发现万家基金股东之一

---

[1]　根据我国证券业协会公布2009年度证券公司会员财务指标排名情况，江南证券在106家券商中，按照总资产排名72，净资产排名75。

中航投资是我国航空技术进出口深圳公司旗下的金融子公司，深中航又是我国航空技术进出口总公司的子公司之一，中国航空技术进出口总公司就是江南证券的发起组建方。因此，江南证券与万家基金有着剪不断的关系，如图 5－2 所示。

表 5－1　万家基金与股东券商的利益输送表

交易席位 万家系	齐鲁证券		江南证券		其他		全部席位	
	佣金 （元）	占比 （%）	佣金 （元）	占比 （%）	佣金 （元）	占比 （%）	佣金 （元）	占比 （%）
万家 180	5127251.2	71.17	372769.4	5.17	1703724.4	23.66	7203745.0	100.00
万家债券基金	0.0	0.00	0.0	0.00	533331.8	0.00	533331.8	100.00
万家公用事业	344206.5	13.06	1252001.4	47.50	1039490.2	0.00	2635698.1	100.00
万家和谐	1880826.1	20.71	1312758.5	14.45	5890003.1	0.00	9083587.6	100.00
万家双引擎	0.0	0.00	43254.8	37.54	71965.7	0.00	115220.5	100.00
总计	7352283.8	37.57	2980784.1	15.23	9238515.1	47.20	19571582.9	100.00

数据来源：万家基金管理公司各基金 2008 年度报表整理得❶。

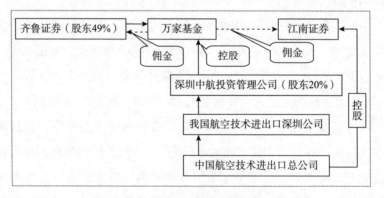

图 5－2　万家基金利益输送示意图

资料来源：投资快报 9 月 23 日报道❷。

---

❶　数据来源：http://www.wjasset.com/，万家基金管理公司各基金 2008 年度报表整理得。

❷　http://money.163.com/09/0923/09/5JSTFIDL00251LDV.html.

如果说以上分析只能表明万家基金公司为了给股东单位创造佣金收入不惜踩红线，并没有证明这会以损害投资者的利益为代价去输送利益给股东方。但是我们注意到，2008 年我国股票市场处于熊市阶段，基金换手率不太高。根据国金证券的统计，2008 年基金的股票换手率中值为 2.11 倍。可万家和谐的换手率却高达 3.5 倍，而作为指数型基金的万家公用、万家 180 则更加离谱，换手率更是高达 8.5 倍、3.2 倍。指数型基金也能有如此之高的换手率，万家基金公司恐怕难脱利益输送之嫌。

5.2.2　基金横向利益输送案例分析

横向利益输送以基金公司与主要合作伙伴的形式为代表。这种类型的利益输送往往更加隐秘，这里我们以已经被查处的华安基金案件为代表进行分析。

1. 华安基金公司简介

华安基金管理有限公司成立于 1998 年 6 月 4 日，注册资本人民币 5000 万元，公司总部设在上海陆家嘴金融贸易区。2000 年 7 月经我国证监会批准完成增资扩股，公司股东及出资比例变更为上海国投、上海电气、上海广电、上海沸点投资、上海工业投资等五家公司各占 20% 的股份，注册资本增加到 1.5 亿元人民币。

目前华安旗下共管理了 2 只封闭式证券投资基金和 12 只开放式基金、1 只 ETF 和 1 只外币基金，它们分别是：华安安信封闭、华安安顺封闭；华安创新混合、华安中国 A 股增强指数、华安现金富利货币、华安宝利配置混合、华安宏利股票、华安中小盘成长股票、华安策略优选股票、华安稳定收益债券、华安核心股票、华安强化收益债券、华安 180ETF 联接、华安动态灵活配置混合、华安行业轮动股票；华安上证 180ETF；华安国际配置混合。

华安基金是我国第一批成立的十家基金公司之一，曾为我国基金业的发展做出过巨大的贡献。我国首支开放式基金——华安创新证券投资基金就是华安基金管理公司的创举。不仅如此，华安基金管理公司也曾经是我国内地获奖最多的基金公司。就涉案人员华安基金公司原总经理韩方河而言也有辉煌的经历，他不仅是我国基金业的元老人物，是国内开放式基金的第一位尝试者和第一位基金经理，而且曾获全球基金新闻杂志2001年"全球最佳基金产品提供者"提名，韩方河个人也因此被誉为"我国开放式基金业第一人"。

2. "华安事件"过程

华安事件最早追溯到2000年年初华安基金与海欣股份联手操纵股价事件。海欣股份与上海沸点投资发展有限公司系关联公司，时任上海沸点投资发展有限公司（下称"沸点投资"）董事长张荣坤通过同创企业、沸点投资、新天财务、工业新创、高速广告、茂祥投资、两江实业、祥恒贸易、兴广实业、广泰电子、苏新发展等公司，在83个证券公司营业部开设了135个资金账户，下挂13843个账户进行操作。随后海欣股份从1999年中的7～8元附近一直凶悍上攻至2001年中的25元上方。本是"天衣无缝"的内幕交易，却难抵2001年下半年开始的大熊市。

为确保海欣股价持续上扬，张荣坤向华安基金总经理韩方河行贿400万元，让韩方河高位接盘。同时张荣坤又让海欣的总裁袁永林做足基本面配合，适时披露利好，甚至不惜在报表上炮制虚假利润，以求配合。同时为防止东窗事发，2004年韩方河与张荣坤拉来了同样有资金陷入海欣股份的上工投、上广电，再加上张荣坤老关系上海电气，一起各持20%华安基金股权。

但即使如此，张荣坤也是深陷其中无法自拔——大熊市背景下，你可以随意控制价格，但却找不到买家。为摆脱困境张荣坤甚至找来操盘名家斯威特总裁严晓群，亲自坐镇大户室操盘，大举震仓、分仓，但事与愿违，期末张荣坤的持仓量不减反增。据事后起诉书所称，2000 年 12 月 8 日，张荣坤所持海欣股份仅占流通股的 0.17%；到 2006 年 7 月 21 日，已占到流通股的 70.16%。其中，在 2005 年 12 月 15 日达到最高点，为 72.44%。如果计入华安基金旗下涉及的七只基金所持仓位，至案发时，庄家方面控制海欣流通股达 89.54%，2005 年 7 月 28 日最高点甚至达 97.85%。

2006 年 8 月，张荣坤事发，因为操纵股市到证监会接受调查。根据张荣坤提供的线索，我国证监会稽查二局陪同中纪委调查组一行，从相关营业部调出了当时上海电气等资金参与海欣股份炒作的所有交易记录，随后华安基金公司原总经理韩方河也被带走协助调查。

"华安事件"中，华安公司最主要的违规操作行为是通过高位接盘进行利益输送。当张荣坤将海欣股价被炒高，由于持有量过大，机构无法及时出货，此时要求华安基金出手，把这只炒高的股票的筹码接过来，从而协助张荣坤将手中筹码变现，实现财富转移，这是一种非常恶劣的利益输送。

3. "华安事件"所涉及的基金违规行为

华安基金管理公司是我国资历最老、规模最大的基金公司之一，为我国基金业的发展做出过巨大的贡献。然而当面临巨大的利益诱惑，华安基金全然不顾法律的约束链而走险，公然为合作伙伴进行利益输送，其背后的根源是值得基金业界深思的。

（1）操纵市场

一般而言，基金公司由于资金优势，往往可以对证券市场某只股票进行操纵，利用大量的资金抬高股价、成交量，给普通投资者制造市场假象。当股价达到一定的高度时，基金便会利用制造出的量价假象引诱散户入场追高接盘，套现离开市场，从中谋取暴利。然而"华安事件"中的高位接盘不是简单的市场操纵行为,其性质更为恶劣,因为华安基金是与上海电气合伙操纵市场。一方面引诱散户入场接盘,另一方面利用基金资金主动接盘帮助上海电气套现出场。这样的交易必定会给基金投资人带来损失。

"华安事件"中所涉及的市场操纵行为其操纵手法包括"对敲"、"倒仓"等手段。其中"对敲"是指机构利用自己管理的多个账户进行自买自卖,也就是通过自己买卖自己的股票来制造虚假的成交量,造成市场繁荣的假象,吸引普通投资者追高,因为一般的投资者都相信"只有成交量不会骗人的格言"[87]。所以这种手法更具有迷惑性,使得普通投资者难以确认,从而蒙受更大的经济损失。张荣坤是通过同创企业、沸点投资、新天财务、工业新创、高速广告、茂祥投资、两江实业、祥恒贸易、兴广实业、广泰电子、苏新发展等公司,在83个证券公司营业部开设了135个资金账户进行自买自卖操作。"倒仓"指的是机构与机构之间通过协商,一方把筹码倒给另一方。"华安事件"中的"倒仓"行为是华安基金与上海电气通过协商,上海电气把筹码倒给华安基金。这种"对敲""倒仓"行为性质恶劣,已经触动了我国的刑法。根据《刑法修正案(六)》第十一条第二次修正条文:"对单独或者合谋,集中资金优势、持股优势或者利用信息优势联合或者连续买卖,操纵证券交易价格的;与他人串通,以事先约定的时间、价格和方式相互进行证券交易或者相互买卖并不持有的证券,影响证券交易价格或者证券交易量的处五年以下有期徒刑或者拘役,并处或者单处违法所得一倍以上五倍以下罚金。"

(2)关联交易

基金公司的股东一般包括证券公司、保险公司、财务公司以及其他一些上市企业。由于经常受到关联股东的约束,基金在日常运作中很难保持自己的中立性,被迫与股东单位发生关联交易以帮助股东单位实现一定的目的。

在"华安事件"中,为指使华安基金顺利参与"海欣股份"的高位接盘,协助股东单位撤离市场实现暴利,张荣坤利用上海电气控股华安基金 20% 的股份。

"华安事件"中的关联交易只是冰山一角,更常见的关联交易常常发生在我国证券投资基金与其实际控制人或控股股东之间,即纵向利益输送。因为基金管理公司几乎都是以证券公司为母公司,两者关系过分密切,基金公司决策人员主要来自大券商高层,交易经理大多来自证券公司自营盘的操作人员。基金公司在机制上并未独立运作,业内形象地将基金管理公司比喻成证券母公司的"资产管理二部",事实上这是不过分的。

更为重要的是基金管理公司的证券母公司,深谙证券市场的各种违规行为,对政府的监管思路也了如指掌,他们在参与基金违规行为中显得更加隐蔽,更加"高明",这也给基金违规监管提出了更大的挑战。

5.2.3 基金公司内部利益输送案例分析

基金公司利益输送的第三种形式是公司内部不同种类基金之间的利益输送。2008 年 3 月 23 日,我国证监会发布了《证券投资基金管理公司公平交易制度指导意见》,旨在进一步完善证券投资基金管理公司的公平交易制度,防止基金管理公司内部不同基金之间出现利益输送,维护投资者合法权益。该《指导意见》中强调:基金管理公司在投资管理活动中公平对待不同投资组合,严禁直接或者通过与第三方的交易安排在不同投资组合之间进行利益输送。其中所指的投资组合包括封闭式基金、开放式基金、社保组合、企业年金、特定客户资产管理组合等。

在现实中，由于基金公司与外界之间的信息严重不对称，基金公司一旦存在利益输送的诱惑并采取行动，外部人员很难察觉。但这并不意味着基金内部之间的利益输送就无处可查，因为基金间的利益输送其操作无非有两种手段：第一种方式是在建仓阶段，利益接收方基金率先买入某只股票完成初步建仓后，利益输出方基金在拉升阶段买入该股票，则利益接受方基金的持仓成本明显小于输出方基金；第二种方式是在出货阶段，利益接收方基金为套现卖出某只股票时，利益输送方基金买入该股票，减轻卖压，以帮助利益接收方基金顺利出货。前者是通过同向交易实现的，后者则是通过反向交易实现的。当然，基金实际操作的手法可能更加复杂，技巧也远远超出上面的描述，但其原理基本如此。

鉴于此，我国证券监管层认为，特定条件下的同向和反向交易可能成为基金非公平交易甚至利益输送的手段。因此，证监会发布的《指导意见》，其重点就放在了对基金投资组合同向和反向交易行为的监控和分析评估上。在具体细则上要求基金公司应对不同投资组合在交易所公开竞价交易中，同日同向交易的交易时机和交易价差进行监控，同时对不同投资组合临近交易日时，同向交易和反向交易的交易时机和交易价差进行分析。对异常交易情况要求相关投资组合经理进行合理性解释。还要求基金公司应分别于每季度和每年度对公司管理的不同投资组合的整体收益率差异、分投资类别（股票、债券）的收益率差异以及不同时间窗内（如1日内、5日内、10日内）同向交易的交易价差进行分析，保存分析报告备查。鉴于此，我们以"中邮系"六次反向交易大龙地产为例，分析基金内部的利益输送。

大龙地产"假地王"事件将许多投资者套牢，同时也将"中邮系"疑似利益输送案件推到了风口浪尖。为了分析方便，我们将2007年四季度以来，中邮基金管理公司旗下的两只基金所持大龙地产仓位变化列于表 5 - 2 和图 5 - 3 进行分析。

表 5 - 2　中邮核心成长与中邮核心优选利益输送表❶

	中邮核心成长 持仓量	中邮核心成长 仓位变化	中邮核心优选 持仓量	中邮核心优选 仓位变化
200704	678066	——	——	——
200801	9000000	8321934	5355070	——
200802	7967000	- 1033000	6344645	989575
200803	9578193	1611193	5840200	- 504445
200804	8028172 *	- 1550021	12008678	6168478
200901	3256571 *	——	13940000	1931322
200902	7953759	4697188	13355000	- 585000
200903	8273759	320000	13000000	- 355000
200904	12861375	4587616	18138646	5138646
201001	0 *	- 12861375	20722721	2584075

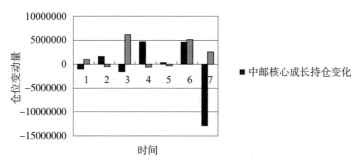

图 5 - 3　中邮核心成长与中邮核心优选利益输送图

数据来源：根据大龙地产季报、半年报、年报数据整理。

1. 首次逆向操作

根据大龙地产季度报告显示，2007 年第四季度，中邮基金管理公

---

❶ 表中 * 表示该季度不在前十名股东行列，我们以排名第十股东持仓量近似代替，这并不影响我们定性的分析。

司旗下中邮核心成长买入大龙地产 678 万股，首次进入大龙地产前十名无限售条件股东行列。2008 年第一季度中邮核心成长再次加仓，持股 900 万股，同时中邮核心优选也买入 535 万股大龙地产股票，成为大龙地产的第四大流通股股东。于此同时，大龙地产股价一路飙升最高达到 17.8 元。但好景不长，受金融全球危机以及国内紧缩的经济政策调控影响，股市开始一路走低，大龙地产也不例外。从 2008 年 2 季度，大龙地产一路下探，中邮核心成长减仓 103 万股，而中邮核心优选则逆向操作，买入 99 万股。面对同样的系统风险，两只基金出现截然相反的操作，而且仓位变化大致相等，不能不让人产生这样的怀疑，即后者为前者接盘，进行利益输送。

2. 第二次逆向操作

2008 年第二季度的逆向操作只是中邮核心成长与中邮核心优选两只基金反向操作的开始，第三季度，中邮核心成长增仓大龙地产 161 万股，中邮核心优选却减仓 50 万股。

3. 第三次逆向操作

2008 年第四季度的我国股市进入了最低潮的时候，中邮核心成长基金再次大举减仓，甚至退出了大龙地产十大流通股股东的行列，所持有的大龙地产股票减仓至少 155 万股❶，然而中邮核心优选却创纪录的增仓大龙地产 616 万股。

4. 第四次、第五次逆向操作

第四次、第五次逆向操作分别发生在 2009 年第二季度和第三季度，此时的我国股市受到政策的大力支持飞速上涨，大龙地产也不例

---

❶ 由于在季度报告中只列出前十大流通股股东名单，因此减仓多少无从知晓，但必然低于第十位流通股东江苏达冠实业投资有限公司的 802 万股。我们用 2008 年三季度中邮核心成长持仓大龙地产 9578193 股减去 802 万股可以推之。

外，从一季度末的 8.66 元/股涨到三季度末的 17.32 元/股，上涨幅度
100.00%，上涨幅度如此精准！然而这两个季度中的中邮核心优选却
分别减仓 58 万股和 35 万股，与之相反的是中邮核心成长二季度增仓
469 万以上❶，三季度增仓 32 万股。

5. 第六次逆向操作

大龙地产 2009 年 11 月 20 日出资 50 亿拍得的"地王"由于欠缴
地价款，于 2010 年 1 月 22 日被北京市国土资源局暂停了北京拿地资
格，其刚刚竞拍所得的顺义区后沙峪镇天竺开发区 22 号住宅用地也于
2010 年 2 月 1 日被北京市国土资源局收回，大龙地产更是因此付出了 2
亿元竞拍保证金的代价。

大龙地产"假地王"事件的暴发引发大龙地产股价急挫，从 1 月
22 日的开盘价 22.68 元/股跌至季度末的 18.26 元/股，之后大龙地产
股价继续下挫，2010 年 7 月 2 日下跌至最低 10.09 元/股，下跌幅度达
124.78%。然而，面对如此之大的风险，中邮核心优选再次增仓 258
万股，中邮核心成长则全部出清大龙地产股票，卖出 1286 万股，与其
他基金公司一道退出流通股股东行列❷。

根据证监会发布的《证券投资基金管理公司公平交易制度指导意
见》，如果在同一个报告期内一家基金公司旗下的不同基金对同一股票
采取相反的交易，我们有理由怀疑该基金可能存在非公平交易行为，
更何况"中邮系"下两只基金在特殊宏微观经济背景下连续六次反向
操作同一股票。

---

❶　由于 2009 年一季度中邮核心成长不在十大流通股之列，因此持仓具体数据无从知
晓，但必定少于当时流通过排名第十的珠海市天富投资咨询有限公司，该公司当时持股
3256571，按照同样的方法可以计算得知，2009 年第二季度中邮核心成长增仓至少 469 万股。

❷　2010 年第一季度末，大龙地产第十大流通股东华宝信托有限责任公司－集合类资金
信托的 521100 股，由此可知，中邮核心优选应当出清了 2009 年末手中持有的 12861375 股大
龙地产股票。

5.3 我国证券投资基金利益输送行为的危害

证券投资基金的利益输送行为表面上看为了迎合利益受让方的需求，损害基金持有人的利益，同时能够给基金公司带来利益。但从长期来看，这种利益输送行为也会让基金公司付出沉重的代价，毕竟没有不透风的墙。不仅如此，证券投资基金业是金融行业的一个重要组成部分，承载着稳定证券市场的重任，同时也蕴涵着巨大的金融风险，如果对这些基金违规行为缺乏有效的监管，很有可能会酿成巨大的金融危机。

5.3.1 侵害基金持有人的利益

基金投资是一种代客理财业务，投资人看重的是证券投资基金管理人的专家理财功能和风险分散功能。这两个功能的发挥，要求基金管理人将基金投资人的利益始终放在第一位。这在具体的投资活动中表现为投资管理者将投资风险控制在一定的范围内，保证投资人资金的安全，在此基础上使投资人收益最大化。然而，我国目前频现的基金管理公司违规行为严重损害了基金投资人的利益。特别是证券投资基金利益输送行为，是一种赤裸裸的欺骗行为，给投资人带来巨大损失。例如，在上文的案例中，万家基金管理公司旗下各只基金为了给股东公司创造佣金收入，不惜频繁买卖提高换手率。这种行为本身与理性的投资相悖，更不用说发挥专家理财和风险分散的功能之说了。至于后两种利益输送，对于普通基金持有人来说则更是一种赤裸裸的掠夺行为。基金管理人之所以漠视投资人的利益，损害其利益，是因为基金管理公司并没有主动负担代客理财的责任，而是用这些资金来实现自身特定的目的，这是典型的委托代理问题。然而，这种损公肥私的行为往往触及法律，一旦基金管理人的相关违法行为被披露，不仅基金管理公司相关责任人会面对相关法律的制裁，基金管理公司也会因此受到很大的影响。例如，《基金法》规定：基金管理公司不允许不公平地对待其管理的不同基金财产；利用基金财产为基金投资人以外的第三人牟取利益等。如果违反这一规定，不仅没收违法所得，而且承担一定倍数的罚款，给基金财产或者基金投资人造成损害的，依法承担赔偿责任，对直接负责的主管人员和其他直接责任人员给予警告，暂停或者取消基金从业资格，并处三万元以上三十万元以下罚款，构成犯罪的，依法追究刑事责任。然而这仅仅是有形的损失，基金公司声誉损失将会更大，不利于基金公司的长期发展。

5.3.2　损害基金行业长期发展

我国的证券投资基金都是契约型基金，这种契约型基金是把投资人、管理人、托管人三者作为基金的当事人，通过签订基金契约的形式，发行受益凭证而设立的一种基金。因此，基金管理人与证券投资基金管理公司实质上是一种信托关系，是建立在信任基础上的经济关系。如果基金管理公司作为代理人不以委托人即基金投资人的利益最大化为目标，那么这种信托关系将很难维持，最终因逆向选择而使投资人退出市场，基金业会因此萎缩甚至消亡，再现我国证券投资基金探索阶段的乱象和之后的萧条。

基金投资人对基金管理公司赋予了充分的信任，并将自己的资金委托让其代为运作，同时基金管理公司也因此向投资人收取了一定的管理费用，这是一种公平的有偿服务，按理说基金公司本不应该有负投资人的信任与期望。但是从现实情况来看，事实并非如此，基金公司的收益是根据管理的基金规模按比率提取的，这与其运作的基金业绩的好坏没有直接关系，这是一种旱涝保收的运作模式。这种旱涝保收的制度缺乏对基金管理人的激励，所以基金公司并没有把投资人利益放在首位，频频发生违规行为，以期望获得更大的收益。最直接的例子就是基金管理公司旗下不同基金中公募基金向专户理财产品进行利益输送，非自购产品向自购产品进行利益输送等。由于后者具有更强的激励，因此成为利益输送的受益群体，而前者因为缺乏相应的激励成为了利益输送方，遭到不公平的待遇。

这种利益输送行为一旦被查处，基金公司将失去投资人对他们的信任，基金公司将面临生存危机，如果这种行为成为行业普遍存在的现象，整个基金行业的发展将会面临巨大挑战。2000 年财经杂志刊登的《基金黑幕》之所以能够掀起千层浪，其中原委不言自明。2008 年股市开始大跌，悬在业内人士心头的赎回潮"靴子"，却在 2009 年的大幅反弹中悄然落下。尽管受益于 A 股走强，基金业去年整体收益可观，但基民并未因此对偏股型基金青睐有加。相反，在暴跌中强忍的赎回冲动借此渐渐释放。据基金 2009 年四个季度的季报数据，如果剔除 2008 年大扩容时代的指数基金，偏股型基金整体出现了 2286 亿份的净赎回，占偏股型基金总份额的比例接近 14%。如此看来，投资人利益如果长期得不到保证，就会选择"用脚投票"来退出这个游戏。

从单个基金管理公司来看，由于"外部效应"的存在，当其选择违规行动时，它可能因此而获得巨额收益，但给资本市场带来的危害却由整个基金行业承担。这种情况下，众多基金管理公司都有违规操作的冲动。当这些违规行为达到一定程度的时候，就变成了基金行业的行为，各类违规行为将会变成基金行业的潜规则，最终导致整个行业的信任危机。

证券投资基金行业是信用制度下的产物，投资人的信任是行业发展的土壤，但是基金不断进行的利益输送行为却严重透支着基金行业的信誉。一旦这种信誉丧失，基金业将面临生存危机，而重塑这种信任是一个漫长的过程，基金业的发展可能会据此延误很多年。

5.3.3　蕴涵巨大金融风险

随着基金行业超常规发展，我国的基金行业已经成为金融行业中非常重要的一个组成部分，现在已经与银行业、证券业以及保险业共同构成我国的四大金融支柱。同时，由于基金行业投资领域涉及面广，基金正不断地与其他金融行业相互渗透，这也决定了基金行业的风险也逐步向整个金融业扩散。由于证券投资基金具有强大的资金规模优势，对市场影响巨大，如果监管缺位，基金行业严重的违规行为会扰乱整个证券市场的秩序。当股市行情看好时，投资者希望通过基金投资来代替低收益的银行储蓄，从而实现资金保值增值的目的，因此会有越来越多的银行资金转向投入到基金市场，出现储蓄搬家的效应。但基金较之银行储蓄具有更大的风险，这不仅是因为它主要投资于证券市场，会面临巨大的系统性风险。更重要的是，在不成熟的市场中，由于监管相对滞后，基金行业中利益关系盘根错节，很难避免违规行为，尤其是上文提到的利益输送行为，这种利益输送行为一旦被查处，或者被市场广为关注而失去投资者的信任，就会出现大规模的赎回现象。赎回潮的暴发会迫使基金抛售手中的股票应对赎回压力，大量的抛压会引发市场上的羊群效应甚至是证券市场中的恐慌情绪，进而引发系统性风险。这种现象一旦发生，银行渠道转移过来的资金将面临着巨大的本金损失风险。

当前我国保险资金投资渠道已经放开，基金、股票、债券等已经成为保险资金投资的重要投资工具，基金可能引发的系统性风险会转移到保险行业。由于保险资金具有特定的用途，保险资金的安全性必须放在首位。然而基金违规行为所带来的证券市场的过度波动，将对保险资金的安全性产生巨大的影响。这种不利影响达到一定程度就会直接危及保险资金的安全，进而有可能导致保险行业的支付危机。目前我国的基金、股市、银行、保险已经构成了一个相互依存，相互渗透的金融体系。基金业违规行为所带来的风险为系统性的金融风险埋下了隐患。

5.4　我国证券投资基金利益输送博弈分析

5.4.1　监管部门和基金公司之间的博弈分析

1. 证监部门和基金公司之间的静态博弈

（1）纯策略博弈

证券监管博弈模型的博弈双方分别是证券市场的监管者和证券市场的被监管者。我国证券市场的监管者既包括政府的行政机构如我国的证券监督管理委员会及其派出机构，也包括证券交易所等。为了分析方便，这部分的监管者专指证监会（其他类同）。证券市场的被监管者，就是指证券市场的参与者，这里专指证券投资基金管理公司。

完全信息静态博弈中，我们假定在证券市场上，监管者与被监管者双方信息完全对称，都知道以下信息：

如果证券市场的监管者消极监管，被监管者就可以通过违规操作来获得非法收益；如果监管者采取积极监管的措施，就能够发现被监管者的违规操作行为，并且针对被监管者的违规操作行为进行处罚。

监管者对被监管者实施积极的监管将会付出一定的成本，比如，需要消耗必须的时间和精力取证、诉讼，监管机构需要更新监管技术、提高设备的先进程度，监管人员需要更新知识，挖掘并分析数据等。总之双方的策略选择空间和收益函数都是共同知识。

在不影响分析的情况下，我们做以下简化，假定监管者只有两种策略可以选择，一种是流于形式的消极监管，监管成本是 0；一种是积极监管，监管成本 $c>0$（c 是 cost 的简写）。监管者的正常效用为 0，如果监管者查处被监管者的违规行为将获得一定的嘉奖 $p>0$（prise 的简写）；如果被监管者进行了违规操作，而监管者由于采取消极监管的策略，则监管者要受到一个惩罚 $d>0$（discipline 的简写）；如果被监管者合规操作，而监管者实施消极监管，则监管者只能得到 0 效用。被监管者也有两种行动策略，一种是违规，一种是合规。被监管者的合规操作将会带来正常的收益 $Y>0$；如果监管者采取消极监管，那么被监管者采取的违规操作将会得逞，从而获得一个额外的收益 $Y'>0$；如果监管者采取积极监管的策略，而被监管者采取违规操作，那么被监管者的违规行为将会被发现，其违规行为活动的收益将会全部被没收，且将面对数倍的处罚 $F>Y'$（Forfeit 的简写）。

根据以上假设条件，我们建立完全信息静态博弈矩阵如表 5 - 3 所示：

表 5 - 3 　监管机构和证券投资基金管理公司之间的静态博弈矩阵

		被监管者	
		违规操作	合规操作
监管者	积极监管	$(p-c,\ Y-F)$	$(0-c,\ Y)$
	消极监管	$(-d,\ Y+Y')$	$(0,\ Y)$

根据以上博弈矩阵我们分析博弈双方的最优策略组合，以及纳什均衡。

应用划线法分析被监管者的最优策略。当监管者采取积极监管时，被监管者的最优策略是合规操作，因为违规操作的收益 $(Y-F)$ 小于合规操作收益 (Y)；当监管者消极监管时，被监管者的最优策略是违规操作，此时违规操作的收益 $(Y+Y')$ 大于合规操作的正常收益 (Y)。

接着，我们用同样的方法分析监管者的最优策略。当被监管者采取合规操作时，监管者的最优策略是消极监管，因为消极监管的收益（0）大于积极监管的收益（0 - c）；当被监管者采取违规操作时，监管者的最优策略取决于积极监管的收益（p - c）与消极监管的收益（- d）比较，比较结果将直接决定着该模型是否存在纳什均衡解。

首先考虑存在纳什均衡解的情况。当 p - c < - d 时，该模型存在纳什均衡解（消极监管，违规操作），而且是唯一的均衡解。

其经济学含义是监管者进行积极监管的成本太高，以至于其监管奖励在抵消监管成本后，效用仍然低于消极监管遭受的惩罚，即得不偿失。这样的制度设计使得监管者没有激励去积极监管。这样的均衡是非常没有效率的，形成这样的均衡结果原因可能有以下两方面：一方面可能发生在证券市场初期，证券市场法律法规不完善，市场整体效率低下，违规行为频发，监管者查处个别被监管者的违规行为对弥补市场损失影响不大，因而积极监管收益较小，消极监管的损失也不明显；另一方面可能是由于监管者的技术水平、监管经验和手段都还处在一个不断探索和学习的阶段，因而监管成本非常高。这可能是我国证券市场发展初期，市场比较混乱、违规行为甚至集体违规行为频发的重要原因。

另一种情况是当 p - c > - d 时，此时消极监管得到的惩罚相对较大，当被监管者违规操作时，监管者采取积极监管变得更加有利。此时该博弈进入"如果被监管者违规操作，那么监管者积极监管；如果监管者积极监管，那么被监管者合规操作；如果被监管者合规操作，那么监管者消极监管；如果监管者消极监管，那么被监管者违规操作……"的循环之中。如此，该博弈不存在纯策略纳什均衡，但是可以存在混合策略均衡。

（2）混合策略博弈

1）混合策略博弈模型的假设

计算博弈模型的混合策略均衡解一般有两种方法，一种是支付等值法，另一种是一阶求导法。本部分采用第一种方法求均衡解。为简化分析，假定博弈双方都是风险中性的，监管者积极监管的概率为 α，消极监管的概率为 $1 - \alpha$；被监管者采取违规操作的概率为 β，采取合规操作的概率为 $1 - \beta$。其他假定条件与纯策略博弈相同，而且所有这些信息都是共同知识❶。

2）混合策略博弈模型求解：

监管者采取积极监管的期望收益是 $\beta(p - c) - (1 - \beta)c$，消极监管的期望收益是 $\beta(-d)$；

被监管者违规操作的期望收益是 $\alpha(Y - F) + (1 - \alpha)(Y + Y')$，合规操作的期望收益是 Y。

如果混合策略模型存在均衡解 $((\alpha^*, 1 - \alpha^*), (\beta^*, 1 - \beta^*))$，那么 α^* 是被监管者采取违规操作和合规操作的期望收益相等时的概率值，β^* 是监管者采用积极监管和消极监管时期望收益相等的概率值，即有：

$$\alpha(Y - F) + (1 - \alpha)(Y + Y') = Y \qquad （式 5 - 1）$$

$$\beta(p - c) - (1 - \beta)c = \beta(-d) \qquad （式 5 - 2）$$

解之得：$\alpha^* = Y'/F + Y'$；

$$\beta^* = c/p + d$$

因此，该模型的混合策略均衡解为 $\{(Y'/F + Y', F/F + Y'), (c/p + d, p + d - c/p + d)\}$

---

❶　共同知识：指"所有参与人知道，所有参与人知道所有参与人知道，所有参与人知道所有参与人知道所有参与人知识⋯⋯"。

3）混合策略博弈模型理解与分析：

① 混合策略均衡的理解

混合策略均衡相当于不完全信息下的纯策略均衡，在本模型中可以这样认为，即一共存在两类被监管者——合规操作的被监管者和违规操作的被监管者，被监管者知道自己是那种类型，但监管者却不知道所面临的被监管者属于哪种类型，而只知道该被监管者属性的概率分布，即被监管者属于违规一类的概率为 β^*，属于合规一类的概率为 $1-\beta^*$。反过来也一样，被监管者也不知道监管者属于那种类型，只知道监管者的概率分布——属于积极监管者的概率为 α^*，属于消极监管者的概率是 $1-\alpha^*$。此时监管者与被监管者在选择自己的策略时，都面临着一个选择混合策略的被监管者和监管者。

② 混合均衡结果的经济分析

第一，对于被监管者来说，当监管者进行积极监管的概率大于 α^* 时，被监管者此时采用合规操作的期望收益要严格大于采用违规操作策略的期望收益。因此，合规操作策略是严格优于违规操作策略的。从理论上讲，只要有效激励监管者进行积极监管，证券投资基金管理人的违规行为就应该下降甚至可以杜绝。相反的，当监管者采取积极监管策略的概率小于 α^*，被监管者的最优策略是选择违规操作，而当监管者积极监管的概率等于 α^* 时，被监管对象选择两种策略对他来讲没有差别。

第二，从监管者角度看，当被监管者违规操作的概率大于 β^* 时，监管者采用积极监管的策略的期望效用会高于消极监管的期望效用，因为这样不仅可以增加获得奖励，而且还可以避免被惩罚。此时，监管者的积极监管策略严格优于消极监管策略；反之，当被监管者违规操作的概率小于 β^* 时，监管者的最优策略变为消极监管；当被监管者违规操作的概率等于 β^* 时，监管者采取消极监管和积极监管策略对监管者来说没有差别。

第三，从上文计算出的均衡结果可以看出，博弈双方最优策略取决于博弈对手的特点，而非自身特点决定。比如监管者积极监管的概率为 $\alpha^* = Y'/F + Y'$，其监管积极与否取决于被监管者违规操作所得、违规被查处时的罚金，而与自身监管成本以及奖励和罚则无关；而被监管者违规的概率为 $\beta^* = c/p + d$，其操作选择是否违规只取决于监管者监管成本以及监管奖励和渎职的处罚，而与自身各种决策下的收益函数无关。

最后，从以上分析可以知晓，如果要降低被监管者违规操作行为的概率只能从监管方入手。一方面可以从技术角度上着手降低监管成本。具体手段包括：加强对已有监管人员的培训，提高其监管水平；提升监管者自身素质，积累监管经验，并引进先进的监管技术设备等。另一方面是改善监管者的激励约束机制。从激励方面讲要加大对监管者积极监管的奖励，不仅表现在物质方面，更要表现在精神层面和晋升机制方面；从约束角度讲要对在监管工作中渎职或者与被监管者串通甚至帮助被监管者躲避监管的监管者加大惩处力度。

2. 监管部门和基金公司之间的完全信息动态博弈——监管者俘获模型

我们之所以对监管部门与基金公司之间的博弈做进一步的研究，一方面由于上文纯策略博弈分析结论：博弈双方在完全信息下，如果 $p - c < -d$，博弈的纳什均衡结果是（消极监管，违规操作），尽管这样的结果在现实中可能确实存在，但毕竟这是我们不希望看到的一个非常没有效率的均衡，而且我们更想知道其他解是在什么情况中出现，以便我们重新设计制度改善最终结果。另一方面，在实际情况中，监管者和被监管者很少是同时决策的。一般来说，尽管监管者对为数众多的被监管者不甚了解，但当监管者在与被监管者进行监管博弈时，

监管者完全可以凭借自身特殊的地位查清被监管者的行动。因此，证券监管者与被监管者的动态博弈更符合动态的不完全信息的博弈。

综合这些因素，这一部分我们在上文静态博弈的基础上进行扩展，在引入社会监督的基础上，将被监管者的寻租行为和监管者俘获因素引入模型，并且区分策略次序使模型动态化，以期望更加接近现实。

（1）模型的假设条件

1）监管者的监管依然区分为消极监管和积极监管。积极监管中，一切违法违规行为都将被查出，且一旦查出被监管者有违规行为，博弈进入第二阶段。如果被监管者行为合规，则博弈结束。消极监管下违规行为的监管流于形式，只能通过社会举报查处违规行为（被举报的概率为 θ），一旦违规行为被举报，由于信息已经外泄，监管者不敢接受贿赂来掩盖事情的真相，被监管者也没有必要再去行贿；如果没有被举报，被监管者将获得超额收益 Y'；当然如果在消极监管下被监管者行为合规，则博弈结束。

2）当博弈进入第二阶段，被监管者将选择行贿，监管者可以选择受贿，也可以选择不受贿；如果不受贿，则能够获得上级嘉奖 U，且 $U > C$；如果受贿且没有被社会监管方举报（假设受贿举报概率为 ω），监管者会得到被监管者的贿金 B（bribe 贿赂），且 $B < F$，否则被监管者不会选则行贿。如果受贿行为被举报，则监管方不仅贿金被没收，而且将遭受 U' 的惩罚，同时被监管方不仅贿金被没收，还要处以违法所得数倍的处罚 F❶。

3）监管者积极监管的监管成本为 C，消极监管的监管成本为 0；

---

❶ 根据《基金法》：基金管理人、基金托管人不公平地对待其管理的不同基金财产；利用基金财产为基金份额持有人以外的第三人牟取利益将被责令改正，没收违法所得；违法所得一百万元以上的，并处违法所得一倍以上五倍以下罚款；没有违法所得或者违法所得不足一百万元的，并处十万元以上一百万元以下罚款；给基金财产或者基金份额持有人造成损害的，依法承担赔偿责任。

消极监管中基金违规行为被举报后，监管者的查处行为不能得到上级嘉奖；被监管者合规情况下监管者的收益为 0。

4）被监管者正常收益是 Y，违规的额外收益为 Y'。

（2）博弈模型分析

该博弈模型的博弈树如图 5–4 所示。

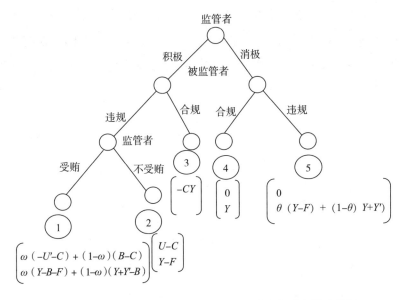

图 5–4　监管部门和基金公司之间的完全信息动态博弈分析

根据假定条件与博弈树可确定各参与人在各个节点的收益。结点①②③是在监管者积极监管下的各种博弈结果，其他结点④⑤是消极监管下的各种博弈结果。

结点①的收益函数：$(\omega(-U'-C)+(1-\omega)(B-C), \omega(Y-B-F)+(1-\omega)(Y+Y'-B))$

结点②的收益函数：$(U-C, Y-F)$

结点③的收益函数：$(-C, Y)$

结点④的收益函数：$(0, Y)$

结点⑤的收益函数：$(0, \theta(Y - F) + (1 - \theta)(Y + Y'))$

（3）动态博弈模型的均衡解

运用"反向归纳"法，监管者决策受贿与不受贿取决于①②中监管者的收益比较 $\omega(-U' - C) + (1 - \omega)(B - C)$ 与 $U - C$ 的大小。

1）$\omega(-U' - C) + (1 - \omega)(B - C) > U - C$，监管者选择受贿

当监管者受贿被社会揭发的概率 ω 较低，受贿惩罚 U' 较轻，查处后的奖励 U 较少，而受贿数额 B 较大时，监管者进行受贿的期望收益将大于不受贿受到的嘉奖，此时监管者会选择受贿。广延型模型递推为图5-5所示。

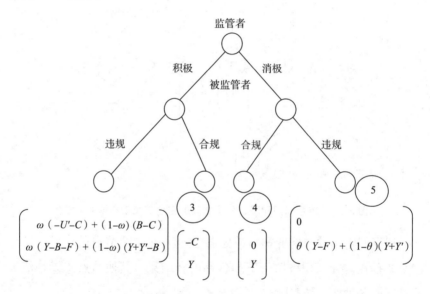

图5-5　广延型模型递推

被监管者的行动，取决于上图四组收益函数中被监管者的收益大小。

① 当 $\omega(Y - B - F) + (1 - \omega)(Y + Y' - B) > Y$，$\theta(Y - F) + (1 - \theta)(Y + Y') > Y$ 时，以上广延模型就会进一步递推为图5-6所示。

98

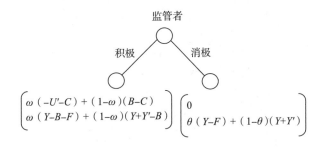

图 5 - 6　广延型模型递推

此时，监管者采取积极监管还是消极监管的决策将直接决定最后的纳什均衡。决策的依据就是比较 $\omega(-U'-C)+(1-\omega)(B-C)$ 与 0 的大小。

当 $\omega(-U'-C)+(1-\omega)(B-C)>0$ 时，纳什均衡就是结点①。

当 $\omega(-U'-C)+(1-\omega)(B-C)<0$ 时，纳什均衡就是结点⑤。以下分析方法类同，我们不再重复分析过程，直接列出结果。

② 当 $\omega(Y-B-F)+(1-\omega)(Y+Y'-B)>Y$，$\theta(Y-F)+(1-\theta)(Y+Y')<Y$ 时，由于前提中 $\omega(-U'-C)+(1-\omega)(B-C)>U-C>0$，所以 $\omega(-U'-C)+(1-\omega)(B-C)>0$，这时纳什均衡就是结点①。

③ 当 $\omega(Y-B-F)+(1-\omega)(Y+Y'-B)<Y$，$\theta(Y-F)+(1-\theta)(Y+Y')>Y$ 时，纳什均衡就是结点⑤。

④ 当 $\omega(Y-B-F)+(1-\omega)(Y+Y'-B)<Y$，$\theta(Y-F)+(1-\theta)(Y+Y')<Y$ 时，纳什均衡就是结点④。

2）$\omega(-U'-C)+(1-\omega)(B-C)<U-C$ 时，监管者选择不受贿

当监管者受贿被社会揭发的概率 ω 较高，受贿惩罚 U' 较重，查处后的奖励 U 较多，而受贿数额 B 较小时，监管者进行受贿的期望收益小于不受贿受到的嘉奖时，会选择不受贿。此时，广延型模型递推为图 5 - 7 所示。

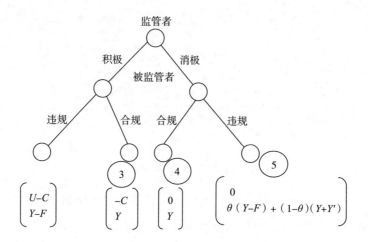

图 5-7　广延型模型递推

此时，由于被监管者在监管者积极监管下合规操作收益为 Y，大于违规收益 $Y-F$，被监管者合规操作是最佳选择，因此模型可以进一步递推为图 5-8。

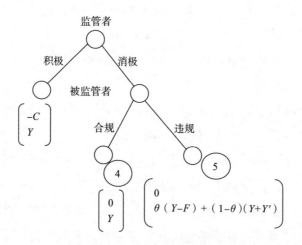

图 5-8　广延型模型就递推

博弈模型在这样的限定条件下变得简单了许多，监管者无论如何也不会选择积极监管，因为积极监管的收益 $-C$ 小于消极监管下的收

100

益 0。最终的纳什均衡取决于消极监管下的被监管者违规与合规操作收益比较，即 $\theta(Y-F)+(1-\theta)(Y+Y')$ 与 Y 的比较。

① 当 $\theta(Y-F)+(1-\theta)(Y+Y')>Y$ 时，纳什均衡的结果是结点⑤。

② 当 $\theta(Y-F)+(1-\theta)(Y+Y')<Y$ 时，纳什均衡的结果是结点④。

（4）博弈结果分析

综合以上分析，博弈的模型结果可能是结点①④⑤，其中结果①是最差的结果，结点④是最好的结果，结点⑤是一个次优的结果。我们关心的是如何实现最优结果④和如何避免出现最差的结果①。

1）考察结果①出现的条件

$$\begin{cases} \omega(Y-B-F)+(1-\omega)(Y+Y'-B)>Y \\ \theta(Y-F)+(1-\theta)(Y+Y')>Y \\ \omega(-U'-C)+(1-\omega)(B-C)>U-C \end{cases}$$

或者

$$\begin{cases} \omega(Y-B-F)+(1-\omega)(Y+Y'-B)>Y \\ \theta(Y-F)+(1-\theta)(Y+Y')<Y \\ \omega(-U'-C)+(1-\omega)(B-C)>U-C \end{cases}$$

因此，出现结果①的条件是：

$$\begin{cases} \omega(Y-B-F)+(1-\omega)(Y+Y'-B)>Y \\ \omega(-U'-C)+(1-\omega)(B-C)>U-C \end{cases}$$

这两个条件的经济意义分别是，从被监管者角度讲，即使被监管者知道违规操作在监管者积极监管时候一定会被查出，但是行贿后的剩余仍然高于正常经营的收益。从监管者角度讲，监管者受贿行为即使有被举报的可能，但受贿的期望收益仍然比不受贿取得的监管收益高。

现实中，这种现象是一种监管者通过设租行为，与被监管者合作共同分享违规收益。

2）考察④出现的条件

$$\begin{cases} \omega(-U'-C) + (1-\omega)(B-C) > U-C \\ \omega(Y-B-F) + (1-\omega)(Y+Y'-B) < Y, \\ \theta(Y-F) + (1-\theta)(Y+Y') < Y \end{cases}$$

或者

$$\begin{cases} \omega(-U'-C) + (1-\omega)(B-C) < U-C \\ \theta(Y-F) + (1-\theta)(Y+Y') < Y \end{cases}$$

最优结果④（消极监管，合规操作）在两种情况下会产生。第一种是在监管者对违规者受贿的预期收益大于不受贿收益的情况下，如果违规者行贿的预期收益还不如正常经营的收益来得大，此时被监管者将会选择合规经营。如此，监管者将放弃积极监管，而转向消极监管。而消极监管下，由于社会监督力度非常强，以至于违规操作的预期收入还不如合规经营收入来得大，被监管者只好选择合规经营。这一点，我们从这三个方程中能够看出：首先社会对受贿监督力度不大，且对受贿行为惩罚较轻，但对行贿人员惩罚很重，行贿成本很高，以至于被监管者只好选择合规操作，其次是社会对违规行为的监督有效，迫使其合规经营。

第二种是在监管者受贿收益期望小于不受贿的情况下，被监管者只能选择合规经营，如此，监管者将放弃积极监管，而转向消极监管。而消极监管下，由于社会监督力度非常强，以至于违规操作的预期收入还不如合规经营收入来得大，被监管者只好选择合规经营。我们从第二个方程组中能够看出，要做到这一点不仅需要加大对受贿行为的社会监管，而且要对受贿行为加大惩处力度以及加大对被监管者违规行为的社会监督力度以及对违规行为的惩戒严厉程度。

102

（5）模型的现实意义

从以上模型我们可以发现，首先最有效率的纳什均衡④的实现不仅仅要有良好的制度保障，防止监管者有动机设租和收受贿赂。这包括加大受贿行为的惩处（U'），提升对监管者积极监管且不受贿的奖励额度，也包括加大对违规行为的惩戒力度（F）；更需要建立透明的社会监督机制，提升社会监督效率（ω 和 θ），不仅要监督被监管者的违规行为，更需要监督监管者的受贿行为。只有双管齐下才能达到最优结果。

其次，上述两方面不仅是实现最优解的条件，也是避免出现最无效的纳什均衡①的有效途径。不仅如此，提高被监管者行贿成本 B 也可以预防设租行为的发生，现实中可以表现为加大受贿的难度。

最后，值得注意的是，最优结果的活动与监管者积极监管成本 C 无关。这是由于积极监管时，成本 C 对监管者受不受贿的决策没有影响，因为它已经成为沉没成本，受贿与否都无法挽回它。只要积极监管并且不受贿受到的奖励大于受贿的期望收益，监管者都将选择不受贿，如此被监管者只能选择合规经营。即使在监管者消极监管下，只要社会监督足够充分，被监管者的最优策略都是合规经营，这与静态博弈大不相同。

5.4.2　基金托管人和基金公司之间的博弈分析

我国的基金托管制度是一种单位信托基金的治理模式❶。这种制度下，托管人保管基金资产并监督管理人投资运作，托管人与管理人相互分离，各自为独立的法人，两者之间没有任何关联或隶属关系，同时强调托管人对管理人的监督和制衡[88]。

---

❶　单位信托模式是指，受托人负责监督管理人以保证其按照法律和基金契约的规定管理运作基金资产，同时负责保管基金资产及其所有权文件。

根据我国《基金法》第 30 条规定：基金托管人发现基金管理人的投资指令违反法律、行政法规和其他有关规定，或者违反基金合同约定的，应当拒绝执行，立即通知基金管理人，并及时向我国证监会报告。但是，我国的基金托管人处在消极被动的地位上，《基金法》赋予托管人发挥监管作用的权利，无论从理论层面还是从操作层面都不具有可行性。从理论层面讲，基金托管人相对于被监管对象属于从属和依赖的地位。一方面，基金管理人通常是基金的发起人，掌握着托管人的选聘和撤换的权利，成为托管人形式上的"老板"，托管人处于一种相对从属的弱势地位；另一方面，我国基金托管人是以营利性为目的的商业银行，基金托管业务已成为商业银行一项重要的中间业务和利润增长点。这样，在利益的驱动下，托管人有可能迁就甚至纵容管理人的违法违规行为，无法有效地履行监督职能[89]。

不仅如此，《基金法》赋予基金托管人的监督权在操作层面讲，也不具有实际效力。由于基金管理人买卖有价证券的指令是通过其租用的交易席位直接进入交易所主机撮合成交，而无需通过托管人审单监督后下单。托管人对基金管理人操作是否违规的判断是基于闭市后所传送的基金当日交易数据分析判断后得知的。因此，这种监管是一种事后监管，即使基金托管人通过对交易数据的分析，发现了基金管理人的投资指令违反法律、行政法规和其他有关规定，或者违反了基金合同约定，但是这已经成为既成事实，无法及时作出反应，更别说拒绝执行和通知基金管理人了。也就是说，我国《基金法》赋予托管人的监督权力只是一种事后监督，托管人所扮演的是"保管人"、"核对员"的角色，无法发挥监督作用。退一步讲，即便托管人能够发现基金管理人的违规行为，由于缺乏独立地位，也无法发挥法律赋予的监管职能。我们以一个简单的动态博弈模型来分析。

1. 模型的假设条件

第一，博弈双方分为基金管理人与基金托管人，双方都是以自身利益最大化为目标的理性人。由于托管人信息滞后致使托管人行动也滞后于基金管理人，因此，本博弈模型双方按照行动次序，属于动态模型，且管理人行动在前。进一步，在不影响分析的情况下，我们假设双方信息是完全的，将模型设定为完全信息动态博弈模型。

第二，管理人首先选择策略，可以选择违规操作以牟取额外的非法利益（Y'），也可以选择合规操作赚取正常收益（Y）。如果管理人选择合规经营，则博弈结束，管理人获得正常收益，托管人获得正常的托管收益，双方收益函数为（nY, nR），这里 n（$n > 1$）是指整个基金存续年限❶。如果管理人选择违规操作，则博弈进入第二阶段。

第三，博弈进入第二阶段，托管人能够完全察觉管理者的违规行为，并且成本可以忽略不计。其行动可以选择举报，也可以选择不举报。如果选择不举报则博弈结束，管理人获取正常收益和超额收益，托管人获得正常的托管收益，即双方的收益函数为（$nY + nY'$, nR）。如果托管人选择举报，则博弈进入第三阶段。

第四，博弈进入第三阶段，管理人可以选择不更换托管人，并从此正常经营谋取正常利润；也可以选择更换托管人，一方面作为对该托管人的报复，另一方面告诫新任托管人放松对管理人的监督，以便继续谋取不正当利益。因此，如果不更换托管人，管理人本次违规收益全部被没收且被处以其违规收益的 γ 倍的罚款，并且以后各期不能再违规操作谋取不当利益，此时双方的收益函数是（$nY - \gamma Y'$, nR）。如果更换托管人，管理人尽管本期违规行为仍然要遭受其违规收益的 γ 倍的罚款，但管理者可以选择对其监管不严的托管人，并可以谋取日后的不当收益，但托管人将只能获得本期托管收益，而失去剩余基金续存期间的托管费收入。因此博弈双方的收益函数变为（$Ny - \gamma Y' +$

---

❶ 在不影响分析结果的情况下，这里简化了模型，没有对 n 年内的收益进行贴现处理。

$(n-1)$ Y', R)。

2. 博弈模型分析

该博弈模型的博弈树如图 5 - 9 所示:

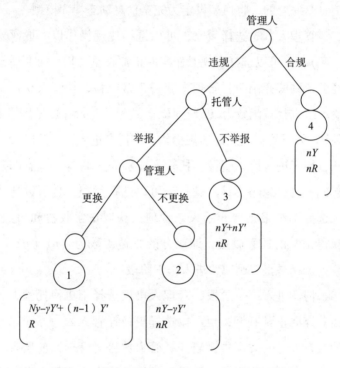

图 5 - 9　基金托管人和基金公司之间的博弈分析

3. 动态博弈模型的均衡解

运用上文提到的"反向归纳"法。图 5 - 9 中,次最终结果的决策点是博弈第三阶段的管理人决策,他可以选择更换与不更换托管人,由于 $Ny - \gamma Y' + (n-1) Y' > nY - \gamma Y'$,所以管理人必然更换托管人。这样管理人收益 $Ny - \gamma Y' + (n-1) Y'$,托管人收益 R;然后回到第二阶段托管人决策的点,托管人看到如果自己选择举报,会得到 R 的一次性收益,不如选择不举报,自己可以得到 nR 的收益;于是回到第一博弈阶段管理人决策点，管理人会拿违规与不违规的结果比较，实际上就是拿 $nY + nY'$ 与 nY 进行比较，当然会选择违规操作，从而得出模型唯一的纳什均衡解（违规，不举报）。

4. 博弈结果分析

本博弈模型的均衡解是很容易理解的，但是我们的目的并不限于得出均衡解，更重要的是这个模型中所隐含的不可置信威胁理论。

从我国管理层当初建立托管人制度的初衷来讲，就是希望通过托管人对管理人的监督实现管理人的合规操作。如果管理人违规操作，其违规行为将遭到托管人的举报，并受到严厉惩罚，最终迫使管理人合规经营。也就是通过托管人制度向管理人发出威胁——如果管理人违规，托管人将会举报其违规行为。但是我们从以上的分析，该威胁是不可置信的。因为即使管理人违规，托管人为了不被更换掉从而获得基金剩余续存期的托管收入，也不会选择举报。管理人判断出这一点后当然不会相信这一威胁，最终选择违规行为，而托管人也只好选择不举报。

5. 博弈模型的现实意义

该模型的纳什均衡解（违规，不举报）是一个非常没有效率的解。但他却是唯一的均衡解。之所以会得出这样一个没有效率的均衡解，其根本原因就在于托管人制度的设计中，托管人处于被动地位，而且不具有监管者应有的独立性。相反，如果我们剥夺了管理人选择托管人的权利，并将管理人更换托管人的成本提高，使其更换托管人的收益低于不更换托管人时的收益 $(C > (n-1)Y')$❶，并且对托管人举报给予一定的奖励 (M)，比如能够获得更多的基金托管业务。那么，整

---

❶　如果更换托管人的成本 (C) 足够的高，使更换托管人的收益低于不更换托管人时的收益，即 $nY - \gamma Y' + (n-1)Y' - C < nY - \gamma Y'$，那么 $C > (n-1)Y'$。

个博弈模型将变成图 5 – 10：

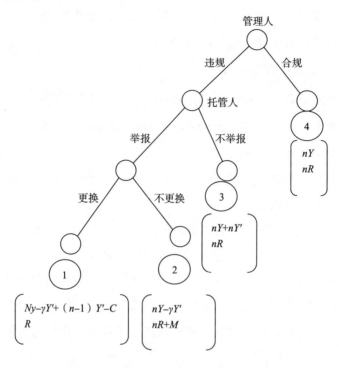

图 5 – 10　考虑托管人激励后的博弈分析

如此，按照"反向归纳"法求解，则均衡解将变成（合规，不举报），即结点④的结果，实现最优均衡解。也就是说，如果能够给予托管人独立地位或者主动地位，并根据其监管业绩给予一定奖励，那么托管人制度中托管人的举报威胁将变成置信的威胁，管理人被迫选择合规经营。

5.4.3　基金份额持有人和基金公司之间的博弈分析

我国证券投资基金违规行为猖獗的另一根本原因是我国基金份额持有人大会虚置（见第 8 章中我国证券投资基金利益输送及老鼠仓行为成因分析的相关部分）。而基金份额持有人大会虚置其主要原因如

下：一方面，我国现有基金治理结构中缺少真正能够代表普通基金持
有人利益的代表；另一方面，由于我国基金持有人人数众多且分散，
小额基金份额持有人维权成本高、收益相对低。

1. 小额基金份额持有人博弈

由众多小额基金份额持有人组成的基金份额持有人大会存在的问
题具体表现在：投资者在对基金管理人的监督问题上，由于收集信息
的机会成本非常高，且可能高于监督带来的收益，因而会产生"理性
冷漠"，缺乏参与动力；再加上缺乏专业知识的指导，在"搭便车"心
态的影响下，导致对管理人监督的弱化。这里用一个简单的"囚徒困
境"模型解释：

（1）假设条件

第一，只有两个投资者 A 和 B，两者都属于小额基金份额持有者，
且两人的信息是完全的。

第二，两人都选择监督时监督成本相对较小 c。监督获得收益 r，
净收益均为 $r-c>0$。

第三，两人都不监督时，两人监督收益和成本均为 0。

第四，只有一人监督时，不监督者的收益为 r，监督者所付成本为
C，监督者的收益为 $r-C<0$。

（2）博弈分析

按照以上假设条件，博弈双方的支付矩阵为表 5-4。

表 5-4　基金份额持有人和基金公司之间的博弈矩阵

		博弈方 B	
		监督	不监督
博弈方 A	监督	$(r-c, r-c)$	$(r-C, r)$
	不监督	$(r, r-C)$	$(0, 0)$

运用划线法，可以发现如果 A 选择监督时，B 在知道 A 选择监督

的前提下，B 的最优策略是不监督；在知道 A 选择不监督时，B 最优策略是不监督。因此，不管 A 的选择如何，B 的最优策略都是不监督。这就是说不监督策略是 B 的占优战略。同理 A 的占优战略也是不监督。

（3）博弈结果分析

这个简单的两人博弈模型引申到我国整个基金份额持有人大会决策机制上，我们不难发现小额基金份额持有人在巨大的监督成本下，占优战略就是博弈双方都不监督。从而使基金份额持有人大会机制无法得以顺利实现。改变这一状况的一个有效途径就是引进大的机构投资者。机构投资者作为基金持有人，能更好地代表现有投资者的利益，因为其收益函数与中小投资者的收益函数是一致的。需要注意的是，这里所说的机构投资者是基金发起人之外的机构投资者。否则会出现机构投资者与基金管理人合谋侵害中小投资者利益的情况。

2. 机构投资者与小额基金份额持有人之间的博弈分析

我们用一个"智猪博弈"模型来分析机构投资者与小额基金份额持有人之间的博弈。

（1）假设条件

第一，只有两个投资者，机构投资者与小额基金份额持有人（以下称为个人投资者），且两人的信息是完全的。

第二，机构与个人投资者都选择监督时监督成本最小（c'），博弈双方都获得正的收益，机构投资者获得收益（R）大于个人投资者获得收益（r），且（$R > r > c'$）。

第三，机构投资者作为专业的投资人，具备专门的投资知识和高层次的人才，而且其投资份额巨大，单位基金份额的监督成本（c）相对于个人投资者监督成本（C）较低，且（$R > c，r < C$）。

第四，如果双方都不监督，假设机构投资者与个人投资者的收益为 0。

（2）博弈分析

按照以上假设条件，博弈双方的支付矩阵为：

表 5 – 5　机构投资者与小额基金份额持有人之间的博弈矩阵

		个人投资者	
		监督	不监督
机构投资者	监督	$(R-c', r-c')$	$(R-c', r)$
	不监督	$(R, r-C)$	$(0, 0)$

继续用划线法进行博弈分析，很容易发现这个博弈模型不存在占优战略均衡。因为对机构投资者而言，当个人投资者选择监督的时候，其最优策略是不监督；当个人投资者选择不监督时，机构投资者的最优战略是监督，机构投资者的最优战略依赖于个人投资者的战略。但是我们进一步可以发现，个人投资者存在占优战略，即不论机构投资者如何选择，对个人投资者而言不监督战略都是最优战略。由于模型假定本模型是完全信息模型，因此机构投资者知道个人投资者的占优策略是不监督，当机构投资者知道这一点时，其最优选择只能是"监督"。这样，（监督，不监督）是这个博弈模型的唯一纳什均衡解。

（3）博弈模型的现实意义

从以上模型的分析我们可以看出，解决监督问题的有效方法之一，就是引进机构投资者作为小额基金份额持有人的利益代表，履行监督职责。这是因为机构投资者的进入不仅提高了基金份额持有人大会的决策效率，更重要的是解决了基金份额持有人大会虚置的问题。

第一，机构投资者的进入提高了基金份额持有人会议的决策效率。

机构投资者资金实力雄厚，基金份额持有比例大，对基金持有人大会中各项决策的制定能起到关键性的作用，降低了会内谈判成本，提高了决策的效率。

第二，机构投资者的进入解决了基金份额持有人大会虚置的问题。

首先，机构投资者投资份额较大，稍有疏忽便会为其带来巨大的损失，因此，机构投资者有压力去执行其监督职责，以维护自己的利益不受侵害。其次，机构投资者具备的专业知识及信息收集能力能极大地降低其监督成本，由监督带的收益足以补偿监督成本的支出，避免了"搭便车"效应的出现。如此，由机构投资者作为个人投资者的代表，能够有效地解决基金份额持有人大会中个人投资者缺乏利益代表的问题。

　　第三，机构投资者的进入对提高社会监督效率意义重大。

　　我们在分析监管部门与基金管理人之间的博弈中，考虑了监管俘获因素，其中关于如何使博弈结果变为有效率均衡，迫使管理者合规操作的分析中，一个重要结论就是提高社会监督力度。从本博弈模型中可以很容易发现，提高社会监管，避免"理性冷漠"的行为，其关键就是引入机构投资者。

　　最后，机构投资者不仅能够代表全体基金份额持有人对基金管理人进行监督，而且对托管人激励约束问题的解决也是大有裨益的。因为我国《基金法》规定，经参会的基金份额持有人所持表决权的三分之二以上通过就可以更换基金管理人或者基金托管人，提前终止基金合同。

第6章 我国证券投资基金 "老鼠仓" 问题的研究

"老鼠仓"是相伴于证券市场的"庄家"而存在的,最早是依附于有自营业务的证券公司,现在更多的是依附于公募基金公司。由于公募基金掌管的是普通投资者的资金,因此基金"老鼠仓"事件的社会影响很大,可以说我国证券投资基金的"老鼠仓"问题已经成为影响我国基金市场乃至整个证券市场健康发展的重要问题之一。

6.1 证券投资基金 "老鼠仓" 的概念、特征及危害

6.1.1 证券投资基金 "老鼠仓" 的概念

"老鼠仓"是指能在很大程度上影响个股走势的投资者(俗称"庄家"),在利用非自有资金买入某一只或几只股票建仓之前,利用信息优势,先用自有资金(或者其亲属、关系户的资金)低位建仓,待公有资金将股票价格拉升到一定的高位后,再率先将其卖出获利,而将风险转嫁给公有资金的所有者。由于这种操作行为具有隐秘性高,偷食基金投资人的利益,因此被形象地称为"老鼠仓"。据此,这里我们将证券投资基金的"老鼠仓"定义为:证券投资基金(多为公募基金)从业人员利用职务便利获取与基金交易相关的非公开信息,在基金大量买入某一只或几只证券之前,率先用自有资金(或者其亲属、关系户的资金)低位建仓,待基金将股票价格拉升到一定的高位后,

再率先将其卖出获利，而将风险转嫁给基金投资人。

6.1.2 证券投资基金"老鼠仓"行为的特征

1. 违规交易行为隐蔽性强

包括基金经理在内的基金从业人员之所以能够有效地利用其信息优势，避开监管部门的监控，如老鼠般秘密地构建"老鼠仓"，而又能使之免于暴露于光天化日之下，成功地收获财富，其关键就在于基金经理人往往不直接运用以自己名义开立的账户交易，而是通过代理其亲属、关系户等的账户，或者利用毫不相干者的身份证开立账户进行交易从而规避监管部门的监管。尽管监管部门为加强对从业人员投资行为的监管，要求基金经理人员上报其直系亲属和本人的账户资料。但是，包括基金经理在内的从业人员为规避监管或者不上报账户，或者不使用上报的账户，甚至连旁系亲属、姻亲的账户也很少使用。据报道，前期遭遇恶意炒作的杭萧钢构的庄家，甚至使用已经去世三年的农村老太太的身份证来炒作股票，秘密构建"老鼠仓"。违规交易账户的隐蔽性和调查难度之大，由此可见一斑。

2. 利润丰厚，诱惑性强

根据我国《证券法》《证券投资基金法》以及相关法律法规的规定，基金管理公司的从业人员被限制不得买卖股票。因而，在面临证券市场牛市冲天的巨大利润诱惑下，基金经理只能另辟蹊径，钻监管制度的空子。有的公募基金经理或是选择与私募"合作"，或是转投私募的怀抱，有的则秘密构建"老鼠仓"。事实上，在巨大的利益诱惑下，基金经理构建"老鼠仓"的行为普遍地存在于基金界。一位资深的基金经理人表示："以投资总监为例，近几年每年税后百万以上的收入属于正常水平，你能想象得出，他在为投资人创造200%，甚至300%收益的同时，能将自己的收入放在银行吃2.79%的年利息吗？"

114

3. 社会危害性强，影响范围广

基金经理的"老鼠仓"行为严重扰乱了我国证券市场公平、公正、公开的秩序。一方面，基金经理的"老鼠仓"套取了投资者的资金，大大降低了基金公司的公信力，破坏了基金公司的信托基础；另一方面，基金经理的"老鼠仓"行为严重冲击了投资者对基金市场的信心和热情，影响到整个证券市场公平公正的基础；再者，基金经理的"老鼠仓"行为严重违反了证券基金市场规范发展的秩序，从而对我国的金融市场产生深远的不良影响。如今，A 股市场正处于由散户主导时代向机构主导时代过渡的转型期，基金业作为证券市场中最主要的机构投资者，对证券市场的影响也越来越大，自然基金经理的"老鼠仓"之类的违规投资行为对证券市场的影响也相当大。因而，基金业的规范经营，基金经理的合规操作，对于基金业本身的良好发展，对于市场中的投资者信心的树立及对于整个证券市场的规范运作意义重大。

6.1.3　证券投资基金"老鼠仓"行为的危害

1. 证券投资基金"老鼠仓"行为对个体利益的危害

首先，从基金投资人角度分析。基金经理的"老鼠仓"行为是利用了其知悉证券资金流向的信息优势，在公募资金未注入前先在低位建仓，待公募资金注入并将价格拉升后再率先抛售自己的股票。这种利用自身特殊地位和信息优势进行非公平的证券投资行为不仅剥夺了一部分基金投资人的应有利益，而且增加了他们的基金投资风险，因而会打击基金投资者的信心，产生自己的投资收益会被基金经理人员侵蚀的信念，从而对基金经理、基金公司乃至整个证券投资基金市场丧失信心。

其次，从基金经理自身角度分析。尽管基金经理通过构建"老鼠仓"使他们获取短时的经济利益，但这种违规行为会扭曲其投资心理。基金经理一旦从"老鼠仓"中成功获得高额利润，便会乐此不疲，而逐渐丧失投资能力。另外，基于"老鼠仓"这一违规投资行为，基金经理需要承担的法律风险不仅包括对一般投资者的民事赔偿、监管机构的行政处罚，情节严重、社会危害性大的还构成犯罪，面临刑法的制裁。

最后，基金经理出于私利而从事的"老鼠仓"行为一旦被查处，不仅会断送自己的职业生涯，还会置基金管理公司于政府机关制裁的境地。而且，从长远看，基金经理的违规操作最终会给基金管理公司带来严重的信任危机。基金管理公司作为基金经理的雇主，负有因基金经理的过失向投资者作出赔偿的责任，一旦有投资者因基金经理的"老鼠仓"行为而要求基金管理公司进行赔偿，则意味着该基金管理公司已丧失了该投资者以及该投资者的亲戚朋友，甚至因媒体的报道而令更多人知悉，从而丧失了更多投资者的信任。因雇主责任而产生的赔偿问题则可能令基金管理公司面临来自四面八方的索赔；加之有关部门的处罚，基金经理的"老鼠仓"行为将对基金管理公司产生难以弥补的影响。

2. 证券投资基金"老鼠仓"行为对证券投资基金市场整体运作的危害

基金经理利用其信息优势，构建"老鼠仓"，赚取差价而将风险转嫁给普通基民，这种转嫁风险的行为将令一般基金投资人对基金经理、基金管理公司乃至整个基金市场丧失信心，最终将普通基民逐出基金市场，不利于基金市场的发展壮大，也不利于资本市场的稳定发展。例如，就在上投摩根"老鼠仓"事件曝光之时，一位投资者十分惊讶地反问《每日经济新闻》的记者："如果连上投摩根这样的基金公司都会出事，我们还能相信谁？"据我国证券登记结算有限公司的统计，

2007 年 5 月 11 日，新增基金开户数为 362940 户，随着"老鼠仓"事件相关信息的不断披露，开户数出现"跳水"，5 月 14 日、5 月 15 日的开户数分别只有 108179 户和 47037 户，5 月 16 日上投摩根基金公司宣布唐建被公司开除，该日新增基金开户数也达到 4 月 27 日以来的新低，当天只有 42328 户[90]。可见，基金经理"老鼠仓"的行为严重打击了投资者对证券投资基金市场的投资热情和信心，对我国证券市场的长期发展起着深远的不利影响。

6.2　我国证券市场上基金"老鼠仓"的案件

6.2.1　上投摩根唐建"老鼠仓"案

2007 年 5 月，我国证券监督管理委员会（以下简称"证监会"）正式对上投摩根基金管理有限公司（以下简称"上投摩根"）旗下的成长先锋基金经理唐建个人涉嫌利用内幕信息从事违规投资活动进行立案调查。经查明，唐建于 2006 年利用其担任上投摩根研究员兼阿尔法基金经理助理之便，推荐基金投资者购买"新疆众和"股票后，使用自己办理的"唐金龙"证券账户先行买入，后在基金连续买入该股票时高位抛出，为自己及他人非法获利近 153 万元。

在距离唐建"老鼠仓"事件曝光将近一年后，证监会于 2008 年 4 月 21 日公布了对唐建"老鼠仓"案的处理决定：没收其全部违法所得 152.72 万元，并处 50 万元罚款；同时取消唐建的基金从业资格，并对其实施市场禁入，终身不得从事证券业务或担任上市公司董事、监事、高级管理人员职务的处罚❶。这是证监会对基金经理"老鼠仓"做出

---

❶　根据证监会二〇〇八年四月八日《中国证监会市场禁入决定书（唐建）》资料整理。

的第一例处罚。另外，由于刑法尚未有针对相关行为的处罚规定，唐建免于面临刑事责任的追究，证监会也没有对上投摩根进行处罚。至此，上投摩根基金经理"老鼠仓"案告一段落，我国证券投资基金监管立法对"老鼠仓"的规制也展开了新的篇章。

6.2.2 南方基金王黎敏"老鼠仓"案

上投摩根基金经理唐建"老鼠仓"事件不过几个月的时间，国内基金业第二例"老鼠仓"案例也浮出水面。2008年3月5日，南方宝元债券型基金和南方成分精选基金的基金经理王黎敏涉嫌老鼠仓案件，已经正式被南方基金公司辞退。这位2006年的明星基金经理最终也"栽"在了"老鼠仓"行为上。经查明，王黎敏任职南方基金期间，操作"王法林"账户买卖"太钢不锈"和"柳钢股份"股票，为该账户非法获利1 509 407元。

2008年3月27日，证监会公布了对王黎敏"老鼠仓"案的处理决定：没收其全部违法所得150.94万元，并处50万元罚款；同时取消王黎敏的基金从业资格，并对其实施市场禁入的处罚，7年内不得从事证券业务或担任上市公司董事、监事、高级管理人员职务❶。

6.2.3 融通基金管理有限公司张野"老鼠仓"案

2009年4月我国证监会对融通基金管理有限公司原基金经理张野违法违规一案进行了立案调查、审理，经查明，张野存在以下违法违规行为：

1. 利用职务便利获取非公开基金投资与推荐信息，从事股票交易

融通基金管理公司基金经理张野在2007年至2009年2月期间，利

---

❶ 根据证监会二〇〇八年三月二十七日《中国证监会市场禁入决定书（王黎敏）》资料整理得。

用职务上的便利，获取有关融通基金管理公司旗下各只基金投资及其推荐的相关个股的非公开信息，并通过"周蔷"账户为朱小民操作进行股票交易。张野在其管理的融通巨潮 100 指数基金买入、卖出个股之前，运用"周蔷"账户先行操作，为朱小民盈利 9 398 362 元，作为酬金，朱小民赠与张野感谢费 200 万元。

2. 违规买卖股票

2006 年 12 月至 2007 年 7 月，张野利用职务之便，通过操作其妻孙致娟的同名账户，违规进行股票交易。交易股票涉及湖南投资、广宇发展、莱钢股份、渝三峡 A、南玻 A、新湖创业、武钢股份、华东医药、新中基、重庆啤酒、中青旅、中创信测和中粮地产等股票，非法盈利两百多万元。

2009 年 6 月 18 日证监会公布对张野违法违规的处罚措施：取消张野的基金从业资格；没收张野违法所得 2 294 791.90 元并处以 400 万元罚款；认定张野为市场禁入者，终身不得从事证券业务或担任上市公司董事、监事、高级管理人员职务❶。

6.2.4　景顺长城与长城基金管理公司"老鼠仓"案

2009 年 11 月深圳证监局公开证实，在对辖区 14 家基金公司的基金经理执业行为突击检查中，发现了 3 起涉嫌"老鼠仓"事件[91]。其中，景顺长城基金管理有限公司（以下简称景顺长城）景顺长城鼎益股票型证券投资基金（以下简称鼎益基金）原基金经理涂强，通过网络下单的方式，操控两个亲属账户，先于或同步于其管理的基金买卖相同个股，非法获利近 38 万元，被证监会取消基金从业资格并处以终

---

❶ 根据中国证监会二〇〇九年六月十八日《中国证监会行政处罚决定书（张野）》资料整理。

身市场禁入的处罚，同时没收违法所得，并处以 200 万元罚款；长城基金管理有限公司（以下简称长城基金）长城稳健增利债券型证券投资基金原基金经理刘海，因操作其妻账户先于其管理的债券基金买卖相同个股，非法获利超过 13 万元，被取消基金从业资格，没收违法所得，处以 50 万元罚款，并被采取 3 年市场禁入措施❶；长城基金管理有限公司长城久富证券投资基金原基金经理韩刚，与他人共同操作其亲属开立的证券账户，先于或同步于其管理的基金多次买卖，获利较大，情节严重，涉嫌犯罪成为首例涉嫌违反刑法、移送公安机关追究刑事责任的案件。

尽管截至目前，被查处的基金"老鼠仓"案件仅六起，但由于基金"老鼠仓"行为的特点，这可能只是冰山一角。

6.3　我国证券投资基金"老鼠仓"行为的博弈分析

6.3.1　模型设计

在监管机构与基金经理的博弈中，由于监管机构与基金经理两者都无法预见到对方的行为，且不存在明显的先后顺序，因而是一个静态博弈；由于基金投资信息的特殊性，基金经理的行为具有相当的隐秘性，监管机构无法获得基金经理具体交易活动的全部信息；同样的，基金经理也无法判断监管机构对其进行查处的确切时间、方式等。因此本模型属于不完全信息静态博弈模型。

为构建此博弈模型，这里对博弈要素做以下假设：

---

❶　根据中国证监会二〇一〇年七月二十九日《中国证监会行政处罚决定书（涂强）》、《中国证监会市场禁入决定书（刘海）》资料整理。

1. 参与人

假设博弈参与人是以自身利益最大化为导向的理性人，他们是博弈模型中的决策主体。本模型中涉及两个博弈参与人：第一个博弈参与人是基金市场的监管者，这里主要是指证监会。第二个是证券投资基金中的需要重点监管的从业者，主要是具有信息优势并有机会建立"老鼠仓"的证券投资基金管理层，这里为分析方便专指基金经理。

2. 行动

假设在本模型中，被监管者的行动有两种方案：采取"老鼠仓"行为或不采取"老鼠仓"行为（违规或者不违规）；而监管者针对这两种行动可以选择两种行动：即采取不监管或者监管行动。

3. 支付函数

表 6-1 给出此博弈模型中监管者与被监管者的支付矩阵。

表 6-1　证券投资基金监管机构与基金经理的博弈支付矩阵

			基金经理	
			违规 (x)	不违规 $(1-x)$
监管机构	监管 (y)	有效监管 (p)	$(-M, -S+J)$	$(0, -S)$
		无效监管 $(1-p)$	$(K, -S)$	
	不监管 $(1-y)$	被指不作为 (q)	$(K, -L)$	$(0, 0)$
		未被指不作为 $(1-q)$	$(K, 0)$	

在该博弈的支付中，为分析方便假设基金经理的正常收益为 0，监管者正常收益（或效用）也为 0；K 为其在违规情况下获得的超额收益，即"老鼠仓"获得的收益；M 为基金经理建立"老鼠仓"被发现后的惩罚（这里的惩罚包括罚金、市场禁入、行政处罚，甚至刑事处罚、职业生涯的其他不利影响等）；S 为市场监管者进行监管时所需的费用，包括财务上的成本和劳力上的成本；L 为基金违规而监管机构又

没有采取行动被社会发现时，监管机构的损失，包括声誉损失（主要是基金违规可能产生舆论界对监管机构不作为的舆论压力），以及职业考核压力；J 是有效监管（成功查处）的效用，这可以包括来自社会的好评和上级机构的嘉奖等。一般的，$M > K$，$L > S$，即基金管理人违规一旦被发现，所受惩罚将大于其超额收益（"老鼠仓"收益）；监管机构在有基金管理人违规但未监管下的损失大于其监管费用。最后需要说明的是，第一，由于基金市场中的基金经理是一个大的群体，不同的基金经理可能采取不同的策略，因此我们引入概率 x 来表示基金经理中试图违规建立"老鼠仓"的基金经理的数量比例；第二，由于监管部门在人力、物力等方面的有限性，甚至部分基金经理通过寻租行为俘获了少数监管成员，引起监管机构的消极监管行为等，因此，基金监管机构不可能同时对所有的基金进行实时监管，我们引入概率 y 来表示监管者实施监管策略的可能性概率；第三，由于基金经理建立"老鼠仓"的行为具有相当的隐秘性，基金监管机构的监管行动未必能够成功，这里将有效监管的概率用 p 来表示；最后，如果基金经理进行违规操作但是由于监管机构相关责任人不作为而逃过惩罚，此事被社会披露的概率为 q。

6.3.2 博弈模型求解

在给定基金经理违规的概率 x 的情况下，监管者进行监管与不监管的期望收益分别为：

$$\pi_1 = x \left[p \left(-S + J \right) + (1-p)(-S) \right] + (1-x)(-S) \qquad (式6-1)$$

$$\pi_2 = -xqL \qquad (式6-2)$$

令 $\pi_1 = \pi_2$，可以求解得出：

$$x^* = S/(pJ + qL) \qquad (式6-3)$$

这就是基金经理选择违规行动的最佳混合策略的概率。

此时，基金经理的违规行为期望收益 π_3 和不采取违规行为的期望收益 π_4 分别为：

$$\pi_3 = y\left[-pM + (1-p)\,K\right] + (1-y)\,K \qquad (\text{式}6-4)$$

$$\pi_4 = 0 \qquad (\text{式}6-5)$$

令 $\pi_3 = \pi_4$，就可以求解出监管机构在博弈模型中所采取监管行动的最佳混合策略的概率：

$$y^* = K/p(M+K) \qquad (\text{式}6-6)$$

这就说明如果基金经理进行违规操作的概率 $x > x^*$，监管者选择监管行动的收益要大于不监管的收益❶，因此监管者会选择监管，基金经理的最优策略将是降低违规操作的概率直到 $x = x^*$；从监管者角度考察，如果监管者的监管概率 $y > y^*$，那么基金经理选择合规操作的收益将大于其违规带来的期望收益，这时基金经理将选择合规操作，相应的基金监管者的最优策略也是降低监管概率直到 $y = y^*$。

那么，如何才能见效基金违规行为发生的概率呢？我们将从参数分析的角度来讨论这个经济问题。

6.3.3 模型的分析

现实中，我们对基金市场的违规行为往往归咎于对违规行为处罚过轻，因此认为加重处罚违规基金经理会使违规者的期望支付恶化。但是进一步分析可以发现，这种通过提高违规处罚程度来震慑基金经

---

❶ $\pi_1 = x\left[p\,(-S + J) + (1-p)\,(-S)\right] + (1-x)\,(-S) = xpJ - S$；

$\pi_2 = -xqL$

若 $x > x^*$

则 $x > S/\,(pJ + qL)$

$xpJ + xqL > S$，$xpJ - S > -xqL$

即 $\pi_1 > \pi_2$，所以，如果 $x > x^*$，那么监管者选择监管将优于不监管。

同理：若 $y > y^*$，则 $\pi_3 > \pi_4$，那么基金经理选择违规将优于不违规。

理的操作行为只能缓解短期的违规行为，长期反而会刺激监管者懈怠，提高监管者不监管的概率（$1-y$）；然而这种监管者懈怠行为的增加反过来又会提高基金经理进行违规操作的期望收益，从而提高基金经理采取违规行为的概率。因此，直观上的头痛医头的做法并不可取。降低基金市场违规行为的最好办法应当从监管者角度入手，这一点可以从本博弈模型的解答中得到结论：为降低基金最优违规概率 x^*，即降低 $S/(pJ+qL)$ 的值，必须从 S，J，L，p，q 几个参数着手。由于违规操作的最优概率与监管成本 S 成正比，与 J，L，p，q 成反比，所以应设法降低监管成本 S，提升监管部门的激励 J，加大监管部门的监管压力 L，以及提升有效监管概率 p，同是还应该激励社会力量举报不规范的投资行为加强舆论监督力量 q，以加大监管部门不作为的压力。

从上文的分析可以得出结论，证监会与基金经理双方博弈中，不管是从长期角度还是从短期角度来看，为了实现有效抑制基金经理"老鼠仓"违规行为的发生，通过加重对被查处的基金经理违规行为的处罚力度以震慑违规者固然重要，但这是一种治标不治本的方法，更有效的措施是通过各种手段提高监管者的监管强度和监管效率，从而增大基金经理违规操作的风险，以减少基金经理违规行为的发生。

6.3.4　模型的启示

从模型的求解结果可以发现，在监管机构和基金经理的博弈中，如果要减少违规行为的发生，就应该更注重对监管者自身的建设。具体而言，从市场长远健康发展角度审视，要降低证券市场中基金经理"老鼠仓"行为的发生，简单地提高基金经理违规行为的惩罚力度，长期看不会有太大效果。需要变换考虑角度，从监管者自身出发，加强监管制度建设，提高监管机构监管压力和监管效率。

最近《证券市场周刊》记者经过调查取证，发现时任证监会法律部案件审理执行组副调研员李莉被举报涉嫌内幕交易和受贿上投摩根，而此案正值我国资本市场第一起基金经理"老鼠仓"案发之际。如查实，这将是新中国资本市场建立20年以来，第一例证监会官员以权谋私的案例。

从"唐建事件"以及相关的"李莉风波"中可以看出，我国证券投资基金的"老鼠仓"行为问题除了基金经理作为理性人违规操作以谋取更大经济利益的原因外，外部的监管是否也存在巨大问题？毕竟在巨大利益诱惑面前，仅仅依靠舆论、道德以及难以取证的法律法规等约束来限制理性的基金经理是不现实的。这就需要严格的监管来弥补，而从"李莉风波"中可以看出，监管者对基金经理违规行为的监管可能会缺乏主动性。因此，无论模型分析还是现实案例都表明，加强监管制度建设，提高监管机构监管压力和监管效率是维护市场健康发展的关键所在。

1. 加强监管制度建设

从一般思路来看，避免基金经理违法违规行为应当是加重处罚力度，从而震慑之。然而，从我国现行法律法规对各种违法违规行为的处罚规定来看，处罚条款不可谓之不严，处罚力度不可谓之不重，但基金市场中基金经理违规事件还是层出不穷。因此，有必要深入探讨以上的理论分析结果。

从式 $6-3x^* = S/(pJ+qL)$，可以看出，减少基金经理从事"老鼠仓"行为的概率首先是取决于监管成本 S，而非传统观念中的提高违规行为的惩罚力度 M。这是因为，单纯提高惩罚力度 M 虽然能起到震慑基金经理违规操作的作用，然而这也会引起监管者监管懈怠，降低监管概率 y^*（$y^* = K/p\ (M+K)$），反过来又将提高基金经理违规操作的概率，从而抵消了原有的震慑作用。如此，简单地提高基金经理"老鼠仓"违规操作行为的惩罚力度并不能有效降低其违规操作概率。从这些年对被揭发的"老鼠仓"行为处罚来看，对老鼠仓的处罚越来越重，甚至在2009年2月28日第十一届全国人民代表大会常务委员会第七次会议通过的中华人民共和国刑法修正案（七）正式将"老鼠仓"行为列入刑法，最高可以处以五年以上十年以下有期徒刑。但即便如此，2009年年底案发的韩刚依然以身试法，并可能成为我国首例因"老鼠仓"触及刑法而入狱的基金经理。基金经理不惜触及刑法进行违规操作固然与其操作隐秘难以被发现有关，但是从证监会"李莉风波"看，监管者有意无意的懈怠工作也是很关键的原因之一。监管机构责任人的懈怠将直接导致监管效率的下降，减小方程中的 p 值，提升基金经理最优违规概率 x^*。

相反的，如果从监管者角度着手，加强监管制度建设，降低监管成本 S，提高监管者失职损失 L，提高有效监管奖励 J 等，却可以起到降低基金经理"老鼠仓"行为的概率。因为，这些措施对监管人形成了直接的激励，提升了监管积极性和监管频率，而且也有利于促进监管者改进监管技术，提升有效监管概率 p，最终降低基金经理的违规概率 x^*。

需要格外注意的是，从"李莉风波"中我们可以发现，由于被监管的基金管理人，出于自身利益的考虑，往往在被查处的时候具有俘获监管者的动机，影响监管者，从而降低其监管效率。因此，监管制度建设是一项复杂的工程，需要包括加强社会监督、廉政建设等各个方面的配套建设来提高监管者不作为的风险（即提高 q 值），最终提高基金经理违规操作的风险，降低其建立"老鼠仓"行为的概率。

2. 实行举证责任倒置

所谓举证责任倒置，是指基于法律规定，通常情形下本应负举证责任的提出主张一方当事人（一般是原告），就某种事由可不负担举证责任，而由他方当事人（一般是被告）就某种事实存在或不存在承担举证责任，如果该方当事人不能就此举证证明，则推定原告的事实主张成立的一种举证责任分配制度。

我国目前司法中的举证制度实行的是"谁主张谁举证"的原则。监管机构在对基金经理建立"老鼠仓"等违规行为的查处过程中必然要面临对嫌疑人的"举证"问题。而在证券市场中身处市场一线的基金经理往往处于明显的信息优势地位，其建立"老鼠仓"的交易行为具有很大的隐蔽性。监管机构要想收集到足够的能够证明嫌疑人从事违规操作的行为的证据，必须付出很高的代价（即监管成本 S 很高）。在"无罪推定"原则下，证明基金经理涉嫌建立"老鼠仓"交易是非常艰难的事情。

因此，由于证据不足，多数疑似"老鼠仓"的案件最终可能无法进入法律程序。而实行举证倒置，是破解举证难题的一个现实的选择。

引入举证责任倒置，通过因果关系推定的方式，有利于加强对投资者合法权益的保护。如美国1988年出台的相关法律规定，原告只须证明以下事实，其余则由被告自证：被告在进行交易时知道相关公司的内幕信息、原告的交易行为是与被告交易行为相应情况下发生的、原告的交易行为是与被告反方向的交易行为、原告在此交易行为中受到了损失。除非被告可以自证清白，否则，根据因果关系将推定其有罪。这种举证责任倒置不仅能够有效地提高监管效率，提高方程中的 p 值，而且能够减小监管成本 S 从而降低基金经理最优违规概率。

3. 放宽从业人员投资证券的限制，施行证券投资账户实名制

目前我国已经允许基金从业人员投资开放式基金，对其投资行为有所放开，但对股票投资仍然大门紧闭。然而，这种禁止性规定在现实中根本无法阻止基金从业人员通过其他渠道进行股票等权益类投资工具的投资。这种情况下，不如疏堵结合，一方面禁止基金经理从事违规操作行为，另一方面将一些"禁止性规定"改为积极疏导。比如，

借鉴美国共同基金从业人员的管理办法，放弃对从业人员的投资限制，允许其通过公开透明的方式买卖股票，但要建立证券从业人员的财产申报制度，规定从业人员必须定期披露其个人投资记录资料。也可以通过法律法规以及规章制度的形式确立基金经理个人交易的行为规则和模式。例如，允许基金经理在公募基金开始建仓后一段时间进入，公募基金开始减仓后一段时间出售手中相关股票，并规定一定的锁定期。

不仅如此还应扩大监管范围，切实履行监管层颁布的《基金从业人员亲属股票投资报备管理的指导意见》。基金从业人员亲属只能在基金公司"指定"的证券公司、期货公司开户，并且买卖股票及其衍生品前须先向公司申报，经过审查后可在批准当天买卖。如未能有效监管，基金公司的董事长、总经理会"连坐"。

此外，应当严格实行投资者账户实名制，严防基金经理利用他人身份证明材料开立账户建立"老鼠仓"规避风险。这需要证券公司经纪业务部门承担严格审查责任。例如，取消代理开户制度，经纪业务部门只接受申请人本人现场开立账户的方式等。

第7章 我国证券投资基金行为问题的理论分析

——基于"委托—代理"理论视角下的认识

目前，我国证券投资基金只有契约型投资基金一种形式，这种基金是通过基金契约的形式将基金管理人与基金投资人联系起来，因此参与双方存在一种委托代理关系。

由于证券投资基金中的投资人与管理人之间信息不对称，基金投资人并不能无成本地观察到基金管理人的行动，在管理人与投资人利益不一致时，管理人就会按照自身利益最大化的方式进行投资，而投资人就必须要考虑管理人的行为是否符合投资人自身利益最大化目标，这就形成了基金治理结构的主要问题。也就是说，由于委托代理关系中信息不对称，导致包括基金投资人、管理人、托管人在内的参与主体的逆向选择和道德风险问题的发生。

这一部分我们将以我国证券投资基金业现实情况为基础，从制度层面分析我国证券投资基金中的委托代理问题。

7.1 我国证券投资基金委托代理关系的金融制度安排

从理论上讲，证券投资基金存在的前提是通过专业人员的专业化经营与投资管理的规模经济效应，使整个社会的交易成本得以降低，从而提高资金的融通效率和资源配置的效率。但是，从另一个角度分析，证券投资基金的介入也延长了资金融通的链条，增加了代理成本。两种资金融通方式可以用图 7 - 1 来表示：

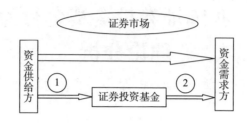

图 7 -1   两种资金融通方式的比较

从图 7 - 1 可以看出，证券投资基金的介入拉长了原来证券市场直接融资的链条，能否提高证券市场的融资效率也就取决于 1、2 两个环节的效率。

从第 1 个环节来讲，证券投资基金的介入尽管会带来专家理财和投资管理的规模经济好处，但是也会增加代理成本。

因为从信息经济学的角度讲，构成委托代理问题必须具备如下三个条件：首先，委托人和代理人是相互独立的个体，双方都是在既定约束条件下追求自身利益最大化的理性人。其次，代理人与委托人的利益并不一致。第三，委托人与代理人所掌握的信息不对称，在面临市场风险的时候，代理人所独占的私人信息会增加委托人的投资风险（韩建新，2000）[92]。显然，基金投资人和基金管理人具备这三个条件，而且基金投资人为委托人，基金管理人为代理人❶。因此，证券投资基金的制度安排体现着典型的委托代理关系。为了降低委托人对代理人的监督成本，基金制度中引入基金托管人对基金管理人进行监管

---

❶ 这里对"委托人"和"代理人"的概念作几点说明。在法律上，当 A 授权 B 代表 A 从事某种活动时，委托代理关系就发生了，A 成为委托人，B 成为代理人。但经济学上的委托代理关系泛指任何一种涉及非对称信息的交易，交易中有信息优势的一方称为代理人，另一方称为委托人。这样的定义背后隐藏的假定是，代理人的私人信息影响委托人的利益，或者说，委托人不得不为代理人的行为承担风险。

和资产的托管。但这又延长了证券市场中的链条，增加了一层委托代理关系，也就是说出于降低基金管理人代理成本目的而引入的托管人本身也存在代理成本的问题。如图 7 - 2 所示。

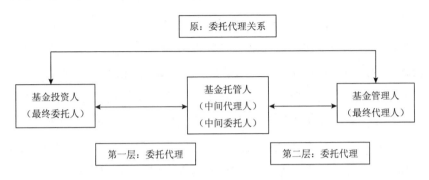

图 7 - 2　基金市场中体现的两层委托代理关系

因此，提高第 1 个环节的效率的关键在于提高托管人的效率和降低托管人的代理成本。

从第 2 个环节分析，若证券投资基金能够代表基金持有人参与上市公司的治理，这对提高证券市场融资效率和资源配置效率将起到巨大作用。因为原来直接融资市场中的中小股东仅仅扮演着"消极股东"的角色，并不参与上市公司的治理。由于我们的研究对象是基金管理人与基金投资人之间的委托代理问题，因此本书只对第 1 环节中的委托代理关系进行考察。

7.2　我国证券投资基金治理的委托代理风险构成

证券投资基金的委托代理风险构成主要有三个方面：基金契约的不完全性；基金投资人与基金管理人之间的信息不对称；基金投资人与基金管理人利益的不一致性。具体分析如下：

1. 基金契约的不完备性

合约是当事人在平等自由的条件下通过规范当事人的责、权、利，降低交易成本，提高资源配置效率，改进各方经济状况而确定的一种利益流转关系。但是，这一职能的发挥必须要求合约具备完备性，将各种可能性包括在内。然而这种合约的完备性需要有充分的信息作为前提。因为信息是决策、签约的基础，资源配置则是人们决策的结果。因此，提高资源配置效率的关键在于决策者所掌握的信息的完全性与准确性。但是在现实的经济生活中，当事人所掌握的信息不仅不完全，而且不对称。信息不完全是指由于外界环境的复杂性和不确定性以及人的有限理性，人们所掌握的信息不可能无所不包。信息不对称是交易双方中一方持有与交易相关的信息而另一方则不然。

基金市场中，尽管有基金合约和基金托管协议对各个参与主体进行约束，由于信息的不完全性，基金契约不可能将各种可能情况罗列穷尽；由于信息的非对称性，难以制定一个完美的契约将拥有不同信息的交易对手的利益统一起来。因此，居于信息优势方的基金管理人很可能会出于自身利益的考虑，利用信息优势损害基金持有人的利益。而基金托管人由于其在托管协议中的地位不及管理人，利益也不独立，很难起到应有的基金监督作用。

2. 基金投资人与基金管理人之间的信息不对称

基金管理人作为代理人处于信息优势地位，他们对自己的努力程度、职业能力等方面的了解都远远胜于基金投资人对其的了解。基金投资人由于处于信息劣势方，其利益很容易受到管理人的侵害。可以说，基金投资人与管理人之间的信息不对称是委托代理风险的根本来源。

3. 基金投资人、管理人、托管人等参与主体利益的不一致性

基金市场中，基金投资人、管理人、托管人等参与主体都是理性

人，即在既定约束条件下追求自身利益最大化。就基金投资人而言，其追求的利益是承担一定投资风险的条件下获取最大的投资收益；基金管理人则是通过专业化经营、规模化理财，力争基金资产的增值并提取相应的管理费用，因此，管理人的利益在于获取管理费的最大化；基金托管人代理基金投资人对其资产进行托管，托管人的主要职责体现在基金投资运作监督、基金资产保管、基金资金清算以及基金会计复核等方面。托管人的引入关键在于隔断风险机制，防止管理人侵害持有人的利益。托管人的收入主要依靠托管费的收取，所追求的目标是托管收入的最大化。因此，基金持有人的目标是投资收益最大化，而基金管理人和托管人的目标是管理费和托管费收入的最大化，他们追求的目标并不一致。这种目标的不一致极易产生代理人在追求自己利益的同时，损害委托人利益的事情，更有甚者干脆通过采取损害委托人利益的行为来实现自身的利益。

从基金管理人和基金投资人两者关系分析，基金管理人处于代理人地位，所以很容易产生逆向选择和道德风险问题。这是因为，我国的契约式基金中，基金管理人是根据其管理的资产规模收取管理费，因此不享受基金剩余收入的索取权而仅仅是拥有对基金资产的剩余控制权；基金投资人则相反，他们享受基金剩余收入的索取权却不拥有对基金的控制权。这种剩余索取权与剩余控制权的不对称将会导致基金管理人的以下三种行为：第一，转移甚至窃取剩余收入。基金管理人虽然没有剩余索取权，但却拥有剩余控制权，因此他们很可能会通过利益输送转移利润甚至通过建立"老鼠仓"窃取基金利润，使投资者无法获取全部剩余收入；第二，创造剩余收入激励不足。管理人通过努力创造的基金剩余收入自己并不能分享，因此管理人也就缺乏了开发新产品的动力。而单个基金持有人与基金管理人协商更改基金契约或基金章程从而激励基金管理人开发新产品的成本又是巨大的，因此单个基金持有人本身的动力也非常有限。第三，增大创造剩余收入的风险。基金管理人为了提升自己的排名以便吸引更多的基金投资人从而提取更多的管理费，很可能会利用对基金的剩余控制权，操纵净值，窗饰报表业绩。这些操作行为无论成功与否都给投资者带来更大的风险。

从基金投资人与基金托管人的关系来看，尽管基金投资人委托基金托管人代为监管管理人。但是，我国基金托管人的选聘实际上多是由基金管理人决定。因此，基金托管人很难起到代理监管人的作用，而更多的是为基金管理人服务。因为无论是基金托管人的托管地位还是托管收入都受制于基金管理人。

然而，如果辩证地看待三者的利益关系，它们之间又具有高度关联性和一致性，因为长期来讲，基金持有人的收益依赖于基金管理人专业、尽职的投资运作和基金托管人谨慎有效的保管与恪尽职守的监管；基金管理人和托管人的收益最终也都是出自基金持有人身上，因此基金持有人利益的长期实现是基金管理人和托管人收益的根本。

7.3 我国证券投资基金运行中的逆向选择与道德风险问题

"委托—代理"理论是研究非对称信息下市场交易与契约安排。按照非对称信息发生的时间，可以将非对称信息下的委托代理问题划分为委托人与代理人订立合同前的事前信息非对称问题以及订立合同后的事后信息非对称问题。事前信息非对称问题又称为代理人隐藏信息的逆向选择问题，事后非对称问题则又称代理人隐藏行动的道德风险问题[93]。

7.3.1　我国证券投资基金市场中的逆向选择问题

逆向选择问题的研究始于阿克洛夫对二手车市场的研究（Akerlof，1970）[94]。阿克洛夫通过二手车市场模型阐释了这样一个问题：当二手车质量属于卖方的私人信息时，买方由于无法判断该车的具体质量，因此只能给出平均质量的价格，但高于平均质量的汽车卖主会不满意该价格而退出市场，二手车的平均质量因此下降，相应的，买主也会根据优质二手车退出后的平均质量出价。如此重复，最终二手车市场会因此消亡。这种由于市场信息不对称，拥有私人信息的优质二手车主退出市场的行为就是逆向选择。

证券投资基金市场也不例外，由于证券投资基金管理人❶与基金投资人之间的信息不对称，基金管理人的经营水平是基金管理人的私人信息，基金投资人在签订基金契约前很难甄别，因此基金市场在很大程度上属于一个"柠檬市场"。

我国的证券投资基金市场由于信息披露、信用评级以及托管人制度的缺陷，证券投资基金管理人的逆向选择问题尤为严重。证券投资基金的投资者在基金投资之前首先要选择基金管理人。具体讲就是选择经营能力较强的基金管理人，然而经营能力本身属于基金管理人的私人信息，基金投资人无从得知，或者至少是甄别成本非常巨大。因此，基金投资人只能根据简单的短期业绩排名来选择基金管理人。如此，具有战略眼光的优秀的基金管理人将会放弃长期投资的策略，转而跟随其他投资者追逐市场热点，成为"羊群"中的一员。不仅如此，为了提高业绩排名，基金经理们更是通过拉升季度末重仓股尾盘价格来窗饰业绩报表。这种短期化的羊群行为、业绩窗饰行为最终将长期

---

❶　基金管理人的经营能力往往取决于基金经理的投资能力，本节中的基金管理人也可以理解为基金经理。

价值投资行为驱逐出市场，降低整体基金市场质量，提高市场的短期化投机气氛。反过来，这种充斥着投机氛围的市场使基金投资人更加重视基金管理人的短期市场操控能力以及表现出来的短期报表业绩，这也更加加剧了我国证券投资基金市场的羊群行为和业绩窗饰行为，整体基金市场的质量更加恶化，如此反复。

7.3.2 我国证券投资基金市场中的道德风险问题

事后的信息不对称所导致的委托代理问题又称为道德风险问题。道德风险问题主要表现在委托人与代理人签订契约之后，代理人利用自己的私人信息损害委托人的利益。

证券投资基金市场中，基金管理人的行动属于私人信息，基金投资人不能直接观察到基金管理人所采取的具体行动，而只能观察到由基金管理人的行动和其他外生因素所共同决定的投资结果。由于基金投资人处于信息不完全市场中的信息劣势地位，无法判断这一结果是由基金管理人的行为所致还是由其他外生变量所致。这种情况下，基金管理人就可能将收益归功于自身投资能力，而将损失归结为其他市场因素，从而最大化自己利益，而将其投资行为的风险转嫁给基金投资人。这种作为代理人的基金管理人利用自己的私人信息实现自身效用最大化而不惜损害基金投资人利益的行为，这就是证券投资基金的道德风险问题。

在我国，由于基金管理人相关信息披露不足，基金托管人的监管职能缺失，监管机构监管能力有限等原因，基金管理人的道德风险不仅表现在基金管理的偷懒问题上，更严重的是证券投资基金运行中表现出的利益输送，"老鼠仓"行为等道德风险问题。这些道德风险问题的解决除了需要通过加强信息披露，市场监管等手段外，还需要弥补我国证券投资基金契约中存在的收入机制缺陷，制定有效的激励与约束机制来解决我国证券投资基金运作中的委托代理问题。

7.4　我国证券投资基金运作的"委托—代理"模型

根据信息经济理论，基金管理人是作为资本市场中资金供求双方的金融中介出现的。这种金融中介具有信息处理和监督管理的比较优势，能够有效地减少资金供求双方由于信息不对称所导致的逆向选择和道德风险。然而，一旦金融中介被赋予信息处理或监督管理的角色，就会产生金融中介本身的激励问题和相应的代理成本。本节研究中的委托代理关系是对基金市场内部层面的分析，如果我们放宽视野，监管部门也可以纳入研究范围，毕竟监管人员是被赋予监督管理职能的理性人，也面临激励问题。

我国证券投资基金的组织形式中存在多重委托代理关系（如图7-3所示），其中任何一重关系出现问题都会影响基金运作效率。

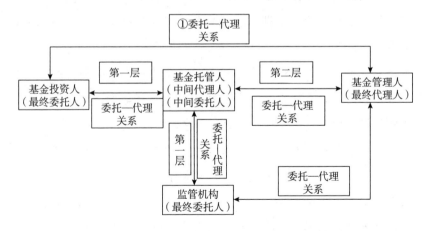

图7-3　我国证券投资基金的多重委托代理关系

在证券投资基金运作监管中，存在如下多层委托代理关系：

第一，基金投资人与基金管理人直接构成委托代理关系。

第二，基金投资人与基金托管人形成第一层委托代理关系，基金托管人与基金管理人形成第二层委托代理关系。

第三，监管机构（在我国主要指证监会及其派出机构）与基金管理人直接构成委托代理关系。

第四，监管机构与基金托管人形成第一层委托代理关系，基金托管人与基金管理人形成第二层委托代理关系。

不论是第一层还是第二层委托代理关系，委托人均处于信息劣势地位，代理人则处于信息优势地位，委托人为达到自身利益最大化目标，均需要对代理人进行激励和相应的约束。

出于研究方便，我们以基金投资人与基金管理人之间的直接委托代理关系进行研究（即图7-3中①，其他类同），并以此代表我国证券投资基金运作中的所有委托人和代理人关系。

基金投资人与基金管理人是为满足自身利益最大化的理性人，信息不对称以及利益（或者说是目标）不一致性是"委托—代理"理论所必须的三个基本假设条件。而且基金投资人就是委托方，而基金管理人则属于代理方。

首先，基金投资人作为委托方支付一定的管理费并委托基金管理人投资证券市场以期获得最大的投资收益；但基金管理人追求的是自身收益的最大化，因此委托、代理双方追求的目标并不一致。

其次，基金管理人作为证券市场的一线投资人，他们对股票市场情况和自身投资水平具有投资人无法检测到的私人信息。同时由于基金管理业绩并不完全取决于管理人的努力程度，也受市场环境、政策环境等其他因素的影响，因此基金投资人无法简单地从基金管理人运作业绩来判断基金管理人的努力程度。

最后，在信息不对称情况下，作为理性人的基金管理人会以自身利益最大化为目标选择行动策略，而这一行动很可能会损害基金投资人的利益。

因此，下文将通过设计激励约束机制，促使基金管理人与基金投资人利益取向同一化，在基金管理人追求自身利益最大化的同时实现基金投资人效用最大化的目标。当然对代理人的激励约束机制必须满足参与约束和激励相容约束。参与约束是指代理人参与工作所得净收益要大于等于不工作也能得到的收益；激励相容约束是指代理人通过努力实现委托人利益最大化的同时也给自己带来最大化的收益（张维迎，1996）[95]。

1. 模型的建立❶

假设 x 是一个努力变量，μ 为基金管理人通过努力提升业绩的成效系数；φ 为市场环境，属于外生的不确定性因素，是满足 $(0, \sigma^2)$ 的正态随机变量；则设定基金管理人业绩收入函数 r 为：$r = \mu x + \varphi$，其中 $E(r) = \mu x$。

假定基金投资人是风险中性的，基金管理人是风险规避的。α 为基金管理人在基金管理中的固定收益（α 与 r 无关）；β 是基金管理人分享的管理业绩份额；基金投资人与基金管理人签订如下显性合同（实际上为法律约束）：

$$S(r) = \alpha + \beta r \qquad (式 7 - 1)$$

由于基金投资人是风险中性的，其期望效用等于期望收入：

$$Ev(r - s(r)) = E(r - \alpha - \beta r) = -\alpha + (1 - \beta)\mu x \qquad (式 7 - 2)$$

假定基金管理人的效用函数满足不变绝对风险规避条件。基金管理人的实际货币收入用 w 表示；设定基金管理人的努力成本函数为 $c(x) = \dfrac{bx^2}{2}$，其中 b 为成本系数（$b > 0$），则基金管理人的实际货币收

---

❶　本书的模型引用了《博弈论与信息经济学》（张维迎，1996）中的模型，并在此基础上加入了新的变量。

入为：$w = s(r) - c(x) = \alpha + \beta \mu x - \dfrac{bx^2}{2} + \varphi$

假定 Ew 为基金管理人的期望收入；$\dfrac{\rho \beta^2 \sigma^2}{2}$ 为基金管理人的风险成本；其中 ρ 为绝对风险规避度。β 表示管理人承担的风险比例，则基金管理人的最终确定性等价收入❶为：

$$Ew - \frac{\rho \beta^2 \sigma^2}{2} = \alpha + \beta \mu x - \frac{\rho \beta^2 \sigma^2}{2} - \frac{bx^2}{2} \qquad （式7-3）$$

现在考虑参与约束。令 W 为基金管理人的保留收入水平，只有基金管理人获得的确定性等价收入大于其保留收入水平的情况下，基金管理人才有可能真实地接受基金契约，否则基金管理人很可能会阳奉阴违出现败德行为。因此，基金管理人必须满足如下参与约束条件：

$$（IR） \alpha + \beta \mu x - \frac{\rho \beta^2 \sigma^2}{2} - \frac{bx^2}{2} \geqslant W \qquad （式7-4）$$

（1）极端情况下的讨论

如果基金投资人与基金管理人之间信息对称，即基金管理人的努力水平完全被基金投资人观察到，这种情况下针对基金管理人激励相容约束失效。在满足参与约束的条件下，基金投资人可以根据基金管理人的努力程度设计强制性的合同：如果你选择 x^*，我将支付你 $s^* = s(x^*)$，否则我将付你 $s < s^*$。只要合约满足参与约束，代理人绝不会选择 $x \neq x^*$。因此，信息对称情况下，基金投资人（委托人）的最优合同就是选择 (α, β) 和 x 使得基金管理人的参与约束中的等式成立。根据一阶条件可以解得最优解为 $x^* = \dfrac{\mu}{b}$；$\beta^* = 0$，此时基金管理人不承担任何风险也不分享任何成效。

---

❶ 当代理人是风险中性时，确定性等价等于随机收入的均值。

（2）一般情况下的讨论

一般情况下，基金投资人与基金管理人信息处于不对称状态，基金投资人只能观察到基金管理人行动后的成果，而不能观察到基金管理人的行动选择。此时，基金投资人设计的激励相容约束对基金管理人而言是起作用的，因为基金管理人总是会选择自己最大化效用水平的行动，而这一行动也会最大化基金投资人的利益。

具体而言，如果 x 是基金投资人希望的行动，$x' \in X$ 是基金管理人可以选择的任何行动，对于基金管理人而言，只有 x 行动能够给他带来的效用较 x' 行动所能带来效用更大时，基金管理人才会选择 x。因此基金管理人的激励相容约束为：

$$(\mathrm{IC})\ \alpha + \beta\mu x - \frac{\rho\beta^2\sigma^2}{2} - \frac{bx^2}{2} \geqslant \alpha + \beta\mu x' - \frac{\rho\beta^2\sigma^2}{2} - \frac{bx'^2}{2} \quad （式 7-5）$$

总结得，基金投资人的问题是选择（α，β）和 x，也就是解下列最优化问题：

$$\max_{\alpha,\beta,x} Ev = -\alpha + (1-\beta)\mu x \quad （式 7-6）$$

$$\mathrm{s.\mu}\ (\mathrm{IR})\ \alpha + \beta\mu x - \frac{\rho\beta^2\sigma^2}{2} - \frac{bx^2}{2} \geqslant W \quad （式 7-7）$$

$$(\mathrm{IC})\ \alpha + \beta\mu x - \frac{\rho\beta^2\sigma^2}{2} - \frac{bx^2}{2} \geqslant \alpha + \beta\mu x' - \frac{\rho\beta^2\sigma^2}{2} - \frac{bx'^2}{2} \quad （式 7-8）$$

由于基金投资人不能观测到基金管理人的努力水平 x，基金管理人将选择最优行动 x，以便最大化自己的确定性等价收入。

可以求解一阶条件后解得 $x = \dfrac{\beta\mu}{b}$，则上述方程组变换如下：

$$\max_{\alpha,\beta} Ev = -\alpha + (1-\beta)\mu x \quad （式 7-9）$$

$$\mathrm{s.\mu}\ (\mathrm{IR})\ \alpha + \beta\mu x - \frac{\rho\beta^2\sigma^2}{2} - \frac{bx^2}{2} \geqslant W \quad （式 7-10）$$

$$(\mathrm{IC})\ x = \frac{\beta\mu}{b} \quad （式 7-11）$$

将参与约束 IR 和激励约束 IC 代入目标函数，上述最优化问题可表述为：

$$\max_{\beta} \frac{\beta\mu^2}{b} - \frac{\rho\beta^2\sigma^2}{2} - \frac{b(\beta\mu^2/b)^2}{2} - W \qquad (式7-12)$$

一阶条件为：$\beta = \dfrac{1}{1 + \dfrac{b\rho\sigma^2}{\mu^2}}$ $\qquad (式7-13)$

这就意味着基金管理人必须承担一定风险，也即基金管理人必须分享一定的基金管理业绩成果才能在基金管理人实现自身利益最大化的同时实现投资人的利益最大化目标。

2. 模型的启示

（1）加强信息披露降低信息不对称性是提高基金管理人努力程度的关键之一。

根据式 7-13 计算结果可知，信息不对称下基金管理人的努力程度严格小于信息对称情况下的努力程度。在信息对称时，基金管理人努力水平 $\dfrac{\partial\beta}{\partial\rho} < 0$；而在信息不对称时，努力水平为 $x = \dfrac{\beta\mu}{b}$。

$$x = \frac{\beta\mu}{b} = \frac{\mu}{b\left(1 + \dfrac{b\rho\sigma^2}{\mu^2}\right)} < \frac{\mu}{b} = x^* \qquad (式7-14)$$

由于我国证券投资基金治理中基金托管人地位不独立，其特殊的信息优势无法发挥应有的作用，无法降低基金管理人与基金投资人之间的信息不对称程度。因此，基金管理人就会通过窗饰业绩报表，跟随市场明星基金经理的投资策略，甚至不惜通过利益输送或建立"老鼠仓"等违法违规行为来为自己谋福利，而不是努力工作提高自己和基金投资人的收益。

因此，加强基金管理人的公司治理（尤其托管人的独立性），加强信息披露，降低基金投资人与基金管理人之间的信息不对称程度是提高基金管理人努力程度的关键之一。

（2）信息不对称情况下，固定管理费率制度制约基金管理人的积极性。

基金投资人促使管理人努力挖掘信息提升业绩的有效手段就是通过向基金管理人分配一定的基金管理业绩成果。

我国证券投资基金目前都采用固定管理费率制度，这就是说基金管理人的收益与其管理的基金规模呈一定的比例关系，而与基金管理业绩并没有直接的关系，这将严重制约基金管理人的工作积极性。根据式 7 – 14，如果基金管理人不能分享基金管理成果（即 $\beta = 0$），具有风险规避特征的基金管理人往往会采用跟随策略来避免投资风险，其挖掘信息的努力水平 x 也将大打折扣（理论上将等于 0）。这是因为，在分成制下能够将基金管理人与基金投资人的利益捆绑起来，实现基金管理人和基金投资人风险共担收益共享，从而有效地解决了信息不对称情况下的激励问题。

（3）信息不对称情况下，基金投资人激励基金管理人的具体管理成效份额 $\left(\beta = \dfrac{1}{1 + \dfrac{b\rho\sigma^2}{\mu^2}} \right)$ 的确定，其分析如下：

第一，$\dfrac{\partial \beta}{\partial \mu} > 0$，这表示基金管理人努力的成效系数越大，基金投资人应向其分配的份额应越多。

如果基金管理人通过努力挖掘信息，提升了研究水平，其管理业绩就可能越高，这将使得基金投资人获得更多的收益，在分成制激励机制下基金管理人就应得到更多的收益；相反的，如果证券投资基金没能够努力提升自身投资水平，其管理业绩就可能越差，这将使得基金投资人获得更少的收益甚至遭受亏损，在分成制激励机制下基金管理人就应得到更少的收益。

第二，$\frac{\partial \beta}{\partial b}<0$，这表示对于努力的成本系数越小的基金管理人，基金投资人应向其分配的份额应越多。

也就是说，努力成本小的基金管理人，其挖掘信息所需要付出的成本相对较小，针对该类基金管理人相对较高激励力度能够激励管理人更加努力挖掘信息，提高业绩。相反，对于努力成本较大的基金管理人，由于努力成本较高，试图通过提高激励力度以使基金管理人更加努力是徒劳的，因为此时基金管理人的边际成本足以抵消其能够获得的收益，因此激励失效。

第三，$\frac{\partial \beta}{\partial \rho}<0$ 意味着基金管理人越是风险规避，基金投资人向其分配的份额应越少。这种情况下，对于那些风险规避性很强的基金管理人，由于他们害怕承担投资风险，往往采取跟随策略规避风险、浑水摸鱼，对其进行激励往往事倍功半，给他们分享的管理成效份额不应当多。相反，对于那些具有开拓精神的基金管理人，可以考虑让他们多分担些风险，同时给予更多的分享收益的机会。

第8章 我国证券投资基金行为问题及政策建议

在前面几章的实证研究中，我们对我国证券投资基金投资行为中存在的羊群行为、窗饰行为、利益输送行为、"老鼠仓"行为等进行了实证研究。本章将对前文的研究结果进行总结和分析，进而对我国证券投资基金的投资行为存在的问题进行剖析，找出原因之所在。最后，我们从多个视角对如何提高证券投资基金运行效率提出政策建议，为我国证券投资基金业的健康发展指明方向。

8.1 我国证券投资基金行为问题的实证研究结果

8.1.1 我国证券投资基金羊群行为实证研究结果

总体来说，我国证券投资基金的投资行为存在显著的羊群行为特征，且羊群行为度与股市行情存在正相关的关系；我国证券投资基金所投资的目标股票规模与基金羊群行为度存在负相关的关系；我国证券投资基金的羊群行为具有很强的版块效应等，具体如图表 8-1 所示：

表 8-1 我国证券投资基金羊群行为实证检验结果

检验项目	检验结论简述
羊群行为总体存在性分析	我国证券投资基金的投资行为存在羊群行为特征；卖出羊群行为度强于买入羊群行为度

续表

检验项目	检验结论简述
羊群行为与股市周期关系	买入羊群行为度与股市行情正相关；我国证券投资基金的羊群行为并没有随着证券市场的发展而降低；基金羊群效应加剧了股市的波动性
羊群行为的行业特征	行业羊群行为度高于整体羊群行为度，基金行为呈现板块效应；羊群行为集中于传统行业
羊群行为的规模特征	基金投资的目标股票规模与基金羊群行为度负相关
中、美羊群行为比较	我国证券投资基金具有很强的羊群行为，美国共同基金不存在明显羊群行为

8.1.2 我国证券投资基金业绩窗饰行为实证研究结果

我国证券投资基金业绩窗饰行为的实证研究表明，我国证券投资基金整体上存在显著的业绩窗饰行为；细分证券投资基金类型后，发现不同类型的证券投资基金其业绩窗饰行为度不同；从基金重仓情况和重仓股换手情况着手研究发现，我国证券投资基金业绩窗饰主要是通过季末拉升重仓股和重仓股中换手率低的股票来实现，如表8-2所示。

表8-2 我国证券投资基金业绩窗饰行为实证检验结果

检验项目	检验结论简述
我国证券投资基金业绩窗饰行为的存在性	我国证券投资基金总体季末超额收益率，存在显著的季末拉升业绩现象；年末、月末不存在显著的业绩窗饰迹象
不同类型证券投资基金业绩窗饰行为的比较	我国证券投资基金中成长型基金的业绩窗饰程度最高，价值型基金的业绩窗饰程度最低，平衡型基金则居于两者之间
我国证券投资基金业绩窗饰途径	我国证券投资基金季末超额收益率与季末基金持股市值占基金净值比成正相关；与重仓股的季末最后交易日的前五天平均换手率成负相关

8.1.3　我国证券投资基金利益输送行为的实证研究结果

我国证券投资基金利益输送的实证研究表明，我国证券投资基金出于各种原因与各个利益关系群体发生利益输送行为，损害投资者的利益。这些利益输送行为包括横向利益输送行为、纵向利益输送行为、内部各个基金之间的利益输送行为，如表 8-3 所示。

表 8-3　我国证券投资基金利益输送行为的实证结果

检验项目	案例	检验结论简述
证券投资基金纵向利益输送	以齐鲁证券控股的万家基金为例	基金租用券商股东的交易席位后，通过频繁交易帮助股东获得高额佣金收入
证券投资基金横向利益输送	以华安基金向合作伙伴海欣股份输送利益为例	基金通过"对敲"、"对倒"等手段帮助其合作伙伴操纵市场，并通过高位接盘向海欣股份输送利益
证券投资"基金系"内部利益输送	以"中邮系"下中邮核心成长和中邮核心优选两只基金两年内六次反向交易大龙地产为例	基金公司旗下两只以上基金出于某种原因，通过反向交易手段进行利益输送，不公平对待不同投资组合。这些组合具体包括封闭式基金、开放式基金、社保组合、企业年金、特定客户资产管理组合等

8.1.4　我国证券投资基金"老鼠仓"行为的实证研究结果

通过运用案例法对我国证券投资基金中存在的"老鼠仓"行为进行分析表明，我国现今查获的"老鼠仓"虽然只有六起案件，但证券投资基金中存在的"老鼠仓"事件似乎无法杜绝，这不仅源于基金经理建立"老鼠仓"风险小、获利丰厚，更源于基金公司内部控制的松懈和外部监管的困难。

8.2 我国证券投资基金行为问题的成因分析

我国证券投资基金行为中的这些重大问题尽管都属于"委托代理"问题,从制度层面讲其主要原因可以归结为"委托代理"制度的不健全,但从其他角度分析,这些问题又有各自独特的形成原因。

8.2.1 我国证券投资基金羊群行为的成因分析

实证部分已经表明我国证券投资基金的投资行为存在着显著的羊群行为,我们将结合国外理论研究成果与我国特殊的国情对我国证券投资基金羊群行为进行分析。为分析方便,我们将我国证券投资基金羊群行为的成因归结为内因和外因。内部原因主要是指涉及证券投资基金自身方面的因素,包括我国证券投资基金的激励机制以及基金经理在投资决策中受到的心理影响等;外部原因则是指影响我国证券投资基金行为的外部市场环境,包括我国证券市场信息披露制度,股票市场的投资环境,基金评价体系等因素。

1. 外部原因

(1)我国证券市场信息披露制度缺陷

① 宏、微观信息披露不匹配

证券市场是对信息高度敏感的市场,它要求市场能够及时准确地披露有效信息,而且宏、微观信息对市场的影响截然不同。微观信息披露不足往往会导致部分信息处于劣势的基金管理人由于信息获取不足而盲目跟从其他基金管理人的投资行为,而基金投资人由于信息甄别难而简单地根据短期业绩报表选择基金管理人,产生逆向选择问题,加剧基金的羊群行为。宏观信息对资本市场的影响具有全局性,极易

148

引发系统性风险，因此大量难以预期的宏观信息很容易引起投资者的关注，形成交易者行为簇集，诱发虚假羊群行为。只有微观信息披露充分、准确、及时，才能降低投资者对宏观信息的过分关注。因此，证券市场的稳定需要宏、微观信息相匹配。

当前，我国经济正处于历史转型时期，宏观信息相对较多，但与之相对应的却是公司层面的微观信息发布不及时、不准确、不充分，这种宏微观信息的不匹配使得我国证券投资基金表现出严重的羊群行为特征。Chang，Cheng 和 Khorana（2000）[96]通过对美国、日本、中国香港、韩国和中国台湾等五个国家与地区的证券市场进行的比较研究发现，韩国和中国台湾具有明显的羊群行为。他们的解释是，在新兴国家与地区的证券市场由于缺乏准确、及时、充分的公司微观信息，使得投资者过多地关注于宏观经济信息。这种对共同信息的集中关注导致了交易者行为簇集，诱发虚假羊群行为从而使得系统风险占整个证券市场风险的比重偏大。

② 内幕消息问题严重

目前，我国上市公司的微观信息发布不仅不足，而且信息泄露情况时有发生。一些内幕信息获取能力较强的基金公司成为其他基金管理人信息获取的重要来源。内幕消息在基金管理人之间的传播很可能引起或者加剧羊群行为。以 2008 年中国平安再融资事件为例，2007 年年底，超过 330 家包括基金在内的机构持有中国平安股票，之后机构纷纷减持，直至再融资消息发布前的最后两个交易日，持股机构缩减至 225 家，中国平安更是连续两天跌停。短短一个半月，就有 105 家机构投资者在中国平安公布再融资计划信息前逃离[97]。这说明机构投资者已经在信息发布前得到了"内幕消息"。也正是由于这一内幕消息，导致在信息公布前，基金在中国平安上表现出很大的卖出羊群行为特征。

③ 信息获取的渠道单一

证券投资基金是一种以研究驱动的投资，研究机构对宏观经济、政策以及上市公司等的研究成果将直接影响基金经理的投资策略。然而，我国目前高水平的研究机构屈指可数，这就导致大量的基金经理依靠少数的信息渠道选择投资组合。这种信息获取渠道的单一性决定了投资行为的趋同性，这将加剧基金的虚假羊群行为发生的可能性。尤其是同一基金公司控制下的基金，由于内部基础信息共享，所以同一基金公司控制下的基金经理更容易产生趋同的投资行为。

（2）我国股票投资环境不成熟

良好的基金市场需要一个良好的股票投资环境，否则这种随大流的羊群行为不可避免。从国外经验来看，良好的股票市场投资环境必须具备如下条件：第一，投资者需要具备足够成熟的投资理念，能够理性地对待市场的正常波动；第二，市场投资工具足够丰富，特别是当市场遇到下跌行情时，基金公司能够通过选择购买适当的金融工具来回避市场的系统性风险；第三，证券市场的容量不仅要大，而且市场中要有众多具有投资价值的上市公司可供基金公司投资选择。

从目前的实际情况来看，我国股票市场在这几个方面都还不够完善。

第一，由于我国证券市场比起西方发达国家还较年轻，国内投资者还没有树立起理性的价值投资理念。受股市"追涨杀跌"投资观念的影响，许多基金投资者把基金当作股票来炒作，迫使基金经理抛弃理性投资理念。

证券投资基金是一种长期投资的产品，其收益的获取方式是通过不断挖掘价值被低估的具有成长性的股票来获取的，这种投资策略决定了证券投资基金尤其是开放式基金无法在短期内获取丰厚的利润。不仅如此，证券投资基金在挖掘价值低估的股票过程中，其收益可能会低于市场总体收益水平。而市场中的个体投资者之所以选择证券投资基金，其目的不外乎投资收益的最大化。我国个体基金投资者投资基金的原因或者是由于自身对股票市场了解不多，又希望通过股票市场获得收益；或者是自身对股票市场有一定了解，但却没有时间进行研究、操作。不管哪一类投资者，他们对这种"准股票"缺乏足够的耐心，一旦股市下挫或者基金净值达不到他们的心理预期或比较基准，他们就会对基金经理进行责备和质问并大量赎回基金，迫使基金经理大量抛售基金份额。相反，当某些股份或概念在市场上成为潮流时，基金经理也会被迫加入，以免自身业绩被短期的市场大势所抛离。因此，在巨大的生存压力之下，基金经理不得不面对"适者生存"的法则，改变理性投资的理念。在运作方式上也不得不顺应市场热点跟风操作，表现出明显的羊群特征。

第二，在西方成熟的证券市场中都有股票期货、股指期货、融资融券等做空机制以降低市场下跌带来的风险。2010 年我国相继推出了融资融券和股指期货业务，这宣布了我国资本市场单边做多时代的结束。但是，我国目前还没有以单只股票作为标的的股票期货。由于大多数基金的投资标的是个别股票的组合，因此无法通过购买对应的股票期货进行套期保值回避风险，而股指期货与基金的股票组合毕竟还有一定的差别，无法实现完全的套期保值以规避风险。而融资融券业务也存在很大问题，因为证券公司出于盈利的目的，在市场下行时必然会通过调整融券利率等手段限制基金的融券行为。另一方面，根据我国《证券投资基金参与股指期货交易指引》规定，除保本型基金外，股票型基金、混合型基金在交易日日终，所持有的买入股指期货合约价值，不得超过基金资产净值的 10%，所持有的卖出期货合约价值不得超过基金持有的股票总市值的 20%。因此，在做空机制尚未完善的情况下，证券投资基金在面临系统性风险时无法实现完全套期保值，其最优选择仍然是集体抛售。

第三，目前随着创业板上市公司的不断增加，我国证券市场的容量不断扩大，截至 2010 年年末，我国沪深证券交易所上市的公司已经有 2000 多家，但是我国资本市场退市制度缺失，市场不能够发挥优胜劣汰的功能，这就导致这些上市公司质地参差不齐，发掘真正具有投资价值的上市公司难度很大，这样也导致了众多基金公司重仓股集中的现象。

判定股票是否属于绩优股，最主要的指标之一就是净资产收益率（又称股东权益收益率＝公司税后利润（EBIT）除以净资产）。该指标是用来衡量公司运用自有资本效率的指标。指标值越高，说明投资带来的收益越高。我们以净资产收益率是否连续三年保持在 10% 以上为标准，截止 2009 年年底两市只有 110 只达到上述标准，仅占当时 1630 只股票总数的 6.75%❶，可见我国上市公司中绩优股仍属于稀缺资源。与我国稀缺的绩优股相对应的是飞速发展的证券投资基金业，他们数量多，掌握资金量巨大，对绩优股有着巨大的需求。这就导致了证券投资基金的巨额资金集中投资于少数的股票中。在这种情况下，当股市行情看涨时，基金经理大举建仓于少数股票；相反，当股市反转时，基金经理在巨大的赎回压力下减轻仓位，而卖出的股票又都高度集中，产生羊群效应。

（3）基金评价体系不健全

根据国外发达市场基金评价体系状况，发达国家的基金评价一般只针对具有一定存续期的基金。而我国由于基金市场缺乏历史数据，因而对我国证券投资基金业绩的考核周期短，评价指标单一，过分注重基金短期净值表现，包括纵向历史业绩走势和横向的同类基金净值

---

❶ 数据来源：用广发证券行情软件智能选股筛选，筛选标准：连续三年净资产收益率 >10%。

的相对比较。这种不完善的业绩评价体系导致基金处于年度、季度、月度乃至日净值走势考验中。不少基金公司以此为考核标准，对基金经理实施短期考核，如果基金经理所管理的基金净值在这个考核期内排名靠后，很可能会遭遇被降职或撤换的命运。因此，基金经理为了避免被处罚，模仿其他明星基金经理的投资策略，以保证业绩不低于基准或者排名不在最后就成为基金经理的理性选择，这种基金业绩评价体系的短期性和单一性成为促成基金羊群行为的重要因素。

2. 内部原因

（1）基金经理的声誉激励与收益激励机制促成羊群行为

证券投资基金产生羊群效应最直观的原因是投资策略实施主体即基金经理所面对的激励机制。基金经理的投资行为之所以容易产生羊群效应，从激励机制角度看主要是由于羊群行为能为其带来两个方面收益：一方面是声誉保护，另一方面是获取额外利益。

基金经理职业声誉是直接影响其职业生涯和未来收入的一个重要因素。这是因为基金经理积累的声誉一旦遭到破坏，会对基金经理的事业产生长期的影响，甚至葬送其职业发展前景。因此，对于年轻的基金经理人来说，追随投资经验丰富的基金经理的投资策略将是他们的明智选择。2010 年，我国内地在任的 507 位基金经理其平均岗位年限仅有 2.5 年，很多基金经理没有经历过一个完整的牛熊周期。截至 2010 年年底，基金经理从业年限不足 1 年的占到基金经理总数的 30%左右，而从业经验在 10 年以上的，还不足 1%。很多"80 后"的基金经理都是在作过短暂的研究之后便被委以重任，成为一只数百亿规模基金的掌控者[98]。

基金评价体系缺陷以及基金市场中经理人整体的不稳定性，都将迫使基金经理放弃长期投资的理念而更加注重市场的短期表现。在这种短期化的约束下，年轻的基金经理理性的选择就是采取随大流、抱团取暖的操作策略。因为基金经理采取跟随策略投资失败时，他们可以将其解释为系统性风险或是一种意外，而非能力不及他人，因此也不会成为众矢之的。相反，如果基金经理特例独行，一旦投资失败，就会给人留下能力低下的印象，这将严重地影响其职业声誉。因此，出于对自身职业声誉风险规避的动机，年轻的基金经理会模仿其他基金经理尤其是明星基金经理的操作方式，以获取行业基准业绩，维护职业声誉。

基金经理采取跟随策略的另一方面原因是羊群行为能够为基金经理带来更高的收益。这一点在 Schaftein 和 Stein（1990）[42] 的研究中已经得到充分的证明。

除此之外，基金管理公司为创造业绩吸引更多基金投资人，就会激励基金经理创造报表业绩，争夺短期排名，因此会设计基金经理的薪酬与基准基金业绩相挂钩的薪酬激励机制。如果基金的业绩低于基准基金投资业绩，其取得的报酬就会大大减少。这样的激励机制会使得基金经理在观察到基准基金投资的交易后再进行决策，以便模仿基准投资机构的投资组合。而且，由于我国同类型基金所设置的基准业绩均相同或类似，这更加剧了我国同类型基金因模仿相同的基准组合而产生羊群行为。

（2）群体压力造成的心理偏差

根据行为金融理论，现实生活中的个体并非总是理性的经济人。尤其是在证券市场这样一个信息庞杂的市场，基金经理很可能会受到市场情绪的影响而产生从众的非理性行为，这一点可以用群体压力理论进行解释。

群体压力是群体对其中成员的一种影响力。当群体中的个别成员的观点或行为与群体观点或行为冲突时，成员为了保持与群体的关系而需要迎合群体意见或行动时所形成的一种无形的心理压力，这种心

154

理压力会使成员倾向于做出与大多数群体成员一致的行动。

1955 年著名社会心理学家所罗门·阿希（Solomon Asch）设计的"线段实验"很好地验证了群体压力的存在。该实验向我们表明：在群体压力下许多人愿意选择追随群体的意见，即使这种意见与他们的自主意见相互抵触。这种群体压力导致了明显的趋同行为，即使是以前从未见过面的偶然群体也不例外。

根据群体压力理论，当股市繁荣时整个市场弥漫着乐观的情绪，这样一些基金经理即使感觉到市场情绪已经处于非理性的盲目乐观之中，市场风险已经很大，但是迫于群体的压力他们会选择趋同的操作策略。相反，如果股市暴跌，市场中充斥着悲观情绪，投资者非理性地抛售股票。此时，即使基金经理意识到市场可能已经超跌，机会已经来临，但迫于群体压力，基金经理很可能也会加入到抛售的行列中，从而形成羊群行为。

8.2.2　我国证券投资基金业绩窗饰行为的成因分析

我国证券投资基金之所以会在季度末非理性拉升股价窗饰业绩，从基金公司角度看，是由于旱涝保收的固定管理费制度割裂了基金管理人与基金投资人之间的直接利益联系，从而铸成了基金管理人与基金投资人之间的委托代理问题。从基金经理角度分析，由于投资者对基金的认同主要取决于其过往投资业绩，基金的业绩直接关系到基金经理在业界的地位和市场中的形象，而我国当前的基金评价体系不健全，评价指标短期化、单一化，基金公司对基金经理的考核又过分依赖短期业绩排名，因此，对基金经理而言动用各种手段窗饰投资业绩是其理性的选择。

1. 基金管理费收入制度不能适应基金市场的发展变化

我国证券投资基金发展早期曾经施行过"管理费 + 业绩提成"的

激励机制，但这一具有激励性质的收入机制，并没有起到激励证券投资基金进行长期价值投资的作用，反倒为基金操纵股票市场提供了便利。基金通过坐庄股市，拉升股票组合，控盘不出货等手段操纵股市以实现创造净值业绩的目的。正因如此，监管当局取消了这一制度而施行统一的固定费率制度。

然而，随着我国资本市场的不断壮大，相关法律法规的完善，基金操纵股市难度已经非常之大。截至 2010 年年底我国资本市场中股票总市值已达 26.5 万亿，流通市值也达 19.3 万亿元。同时市场中基金数量已经达到 704 只，因此基金很难操纵如此规模的市场而且还要面对无法控制的系统性风险和几百只基金的博弈。不仅如此，我国证券投资基金法律法规的完善也使基金操纵市场面临巨大的约束。根据我国《证券投资基金运作管理办法》，基金投资股票需要面临双百分之十的约束，即 1 只基金持有 1 家上市公司的股票，其市值不得超过基金资产净值的 10%；同一基金管理人管理的全部基金持有的 1 家上市公司发行的证券，不得超过该证券的 10%。因此，只要监管充分，基金操纵市场已经不似基金发展初期那样容易。

由以上分析可知，当前我国施行的割裂基金管理人与基金投资人利益的固定收费制度已经不能适应基金市场的发展需要，已经成为基金管理人与基金投资人两者委托代理问题产生的主要原因之一。

2. 基金业绩评价体系的不健全与基金经理考核制度短期化、单一化催生基金经理业绩窗饰行为

目前，我国基金管理公司对基金经理的考核主要是运用基金的短期业绩排名指标考量，这种短期化的考评机制直接催生了基金经理的短期化操作行为。

由于基金净值增长率以及基金排名显示着基金管理人的不同经营成绩，很大程度上决定了基金未来的现金流入量和基金经理的个人前

程；另一方面，由于基金的业绩报告是定期公布的（季度报告、半年报和年报），因此，基金经理需要的是基金定期能有一个好看的业绩报告，而非为基金投资人创造一个好的长期业绩，毕竟这个真正意义上的业绩与基金经理的收入没有直接关系。因此基金经理为实现自身利益的最大化，不惜损害基金投资人的利益，非理性的季末拉升股价窗饰业绩。

不仅如此，由于缺乏权威和统一的基金业绩评价体系，基金投资人对基金公司的评价就会简单地以其旗下基金短期业绩来考量。同时，为了吸引投资者，基金公司对公司高层管理者的能力考评也是通过这种短期的业绩排名来定，这也间接导致基金公司将面临的压力转嫁到基金经理身上。在担心基金短期业绩排名靠后不利于其职业发展的思想下，基金经理最理性的选择就是进行报表业绩窗饰。

8.2.3　我国证券投资基金利益输送及"老鼠仓"行为的成因分析

我国证券投资基金的利益输送行为和"老鼠仓"行为属于违法违规行为，其原因主要可以归结为：基金公司（基金经理）收入与基金运作绩效脱节导致的委托代理问题；现行体制下，基金持有人、托管机构、监管机构对基金公司（基金经理）的运行缺乏足够的监管、约束。

1. 基金公司收入与基金运营绩效脱节导致委托代理问题

证券投资基金作为一种契约，这种契约体现委托代理关系。根据基金这样一种契约，投资人雇佣基金管理人为其提供投资管理服务，同时授予后者一定的决策权利，并依据其提供服务的数量和质量支付相应报酬。从委托人（基金份额持有人）的立场来看，最有效的机制应该是在代理人即基金管理人满足自身效用最大化的基础上，使得委托人的效用也同时保持最大化。但是，由于基金份额持有人对于基金的运作缺乏完全的信息，而基金管理人则享有关于基金资产的全部信息。信息上的不对称使基金份额持有人处于不利地位，除非付出极高的成本调查，否则无法观察管理人的行为，只能观察到结果即基金的业绩。然而基金的业绩并非仅仅取决于管理者的管理水平，而是受多方面因素影响，所以管理者可以有足够的理由把自身的失误或故意行为归咎于其他影响业绩的因素以规避责任。

　　研究发现，我国证券投资基金公司的收入主要来自基金管理费用[99]。而当前，我国基金管理公司的基金管理费用根据公司管理的基金规模和类型按照一定的比例提取。这种收入制度下，我国基金管理公司的收入主要取决于基金公司所管理的基金类型与基金资产的规模，而与基金运作的绩效没有直接关系。因此，当基金运作好，取得比较高的收益时，市场并没有给予基金公司一定的奖励；反过来，当基金管理绩效低下，投资者损失严重时候，基金公司的管理费收入并没有因此而受到严重冲击。基金公司可谓"旱涝保收"。这种"旱涝保收"的收入制度将委托人（投资者）与代理人（基金公司）的利益完全割裂，基金公司管理层缺乏积极性去努力提升经营业绩，这是管理人道德风险产生的根源之一。

　　2. 基金公司的内部治理存在缺陷

　　基金公司是基金运作的实施主体，对基金业违规行为监管的关键就在于对基金公司这个行为实施主体的监管。基金公司之所以屡屡发生利益输送等损害投资者利益的违规行为，其主要原因是市场赋予基金公司太大权力的同时却没有对其行为进行有效的约束。因此，我们必须要从现有基金行为约束机制中发现问题、解决问题。当前我国基金运作体制中，约束基金公司行为的两大主体是基金持有人大会和基金托管银行。但是，在实际运作中基金份额持有人大会和基金托管银行并没有发挥出约束基金公司行为的作用。

（1）我国基金份额持有人大会虚置

基金份额持有人大会是指当发生影响基金当事人的权益或其他重大事项需要商讨和解决时，按照《基金合同》有关规定召集、召开并由基金份额持有人进行表决的会议。

基金份额持有人大会是基金中的最高权力机构，主要讨论有关基金持有人利益的重大事项，如更换基金管理人、基金托管人；基金扩募或者延长基金合同期限；提前终止基金合同；转换基金运作方式；基金合同约定的其他事项等。

然而从近几年的实践情况来看，基金持有人大会参加人数极为稀少，大部分基金份额持有人都不愿意主动参加基金份额持有人大会，行使自己的表决权和监督权。这使得基金份额持有人大会的监督和保护作用极度弱化，不能真正起到对基金管理人和托管人的监督作用，最终不能承担维护基金份额持有人根本利益的职能。其主要原因一方面是发起人与普通基金持有者利益相悖，基金治理结构中缺少真正能够代表中小基金持有人利益的代表；另一方面是由于我国基金持有人人数众多且分散，维权成本高收益相对低，因此中小基金份额持有人参与动力不足。

① 发起人与普通基金持有者利益相悖

当前，我国真正能够提议召开基金份额持有人大会的基金持有人是基金发起人，然而我国的基金发起人所代表的利益与普通基民的利益往往存在很大的差异。根据我国《证券投资基金管理暂行办法》的规定基金发起人只能是证券公司、信托投资公司及基金管理公司，因此，基金发起人也往往是基金管理人或者基金管理人的关联股东。基金发起人的这种双重身份使得基金发起人很难保持独立性，这就促使基金发起人往往会与关联方发生利益输送行为。而这种利益输送行为往往是一种以损害普通基金持有者的利益为代价的利益重新分配。

② 中小额基金份额持有人参与动力不足

在基金份额持有人大会的参与过程中，参与者包括小额基金份额持有人和大额的机构投资者。一般来说，小额基金分额持有人与机构投资者的参与总成本相近，但话语权（收益）却相去甚远。因此，对于小额基金持有人而言，其参与的成本很可能就会高于收益，因而会产生"理性冷漠"，缺乏参与动力。另一方面，即使对于小额基金份额持有者而言，参与基金份额持有人大会的收益要大于参与成本，但是由于参与基金份额持有人大会具有很强的外部性，会直接导致小额基金份额持有者的"搭便车"行为。这是因为，根据《证券投资基金法》第75条规定基金份额持有人大会应当有代表百分之五十以上基金份额的持有人参加，方可召开；大会就审议事项作出决定，应当经参加大会的基金份额持有人所持表决权的百分之五十以上通过；但是，转换基金运作方式、更换基金管理人或者基金托管人、提前终止基金合同，应当经参加大会的基金份额持有人所持表决权的三分之二以上通过。由于每一基金份额只具有一票表决权，因此对于小额基金份额持有人而言，只有其他小额基金份额持有人都参加会议的情况下，自己的参加才有意义。但如果其他小额基金份额持有人都参加会议，自己不参加会议要比参加会议获得更大的收益。如此最终小额基金份额持有人之间的博弈结果必然是都不参加基金份额持有人会议。

当基金公司发生损害基金份额持有人利益的行为时，或者基金托管人坐视基金管理人危害投资人利益时候，由于以上原因，中小基金份额持有人往往不会选择通过基金持有人大会的形式来维护自身利益，而是简单地采取"用脚投票"策略了事。因此，当前我国基金份额持有人大会存在制度性的缺陷，无法发挥其对基金份额持有人的监督与约束职能。

（2）我国现行基金托管人制度存在的根本性缺陷

作为代理方的基金管理公司由于在基金运作中占据绝对的信息优势地位，而委托方不仅处于信息劣势，而且监管成本非常之高。按照经济学理论，必将产生逆向选择现象导致基金市场的萎缩。由于托管人可以利用自身规模和专业优势帮助投资人监督基金管理人的行为，从而降低了委托与代理方之间的信息不对称程度，减少了基金管理人产生道德风险的可能性，因此，基金托管人对保护投资人利益具有举足轻重的作用。

根据我国《基金法》规定：基金托管人发现基金管理人的投资指令违反法律、行政法规和其他有关规定，或者违反基金合同约定的，应当拒绝执行，立即通知基金管理人，并及时向国务院证券监督管理机构报告。基金托管人发现基金管理人已经生效的投资指令违反法律、行政法规和其他有关规定，或者违反基金合同约定的，应当立即通知基金管理人，并及时向国务院证券监督管理机构报告。然而，近些年来基金管理公司的利益输送事件频发，但却没有一家托管银行对基金管理公司的这些行为予以举报，这说明我国现行的基金运行体系中，托管银行对基金公司运作监管缺位。究其原因，主要在于以下几方面：

首先，托管人的地位缺乏独立性。我国证券投资基金在实际运作中，基金托管人是由基金发起人选择的。然而，我国基金管理人通常就是基金的发起人，因此基金托管人的选聘实际上就是由基金管理人决定。不仅如此，基金管理公司经我国证监会和我国人民银行批准后，还有权撤换基金托管人。这就是说基金托管人的去留决定权在基金管理人手中，基金管理人与基金托管人的关系类似于雇佣与被雇佣的关系，基金托管人的地位缺乏独立性，这必然导致其监督的软弱性[100]。

其次，托管人在利益驱动下，有可能纵容、迁就基金管理人的违法违规行为，影响其监管效果。在我国，基金托管人是由商业银行担任的，其整个托管业务中，基金托管收入占绝大部分比重。在商业银行竞争日益激烈的今天，这一业务已成为商业银行一项重要的利润增长点。商业银行（托管人）为抢占市场份额，在利益驱动下，就可能纵容和迁就基金管理人的违法违规行为，影响其监督效果[101]。这是由一个简单的博弈所决定的。商业银行获得基金托管人的资格就意味着较高的托管收益。如果托管人为了基金持有人的利益，认真履行监管职责对基金管理人进行监督，就会损害基金管理人的利益，可能会被基金管理公司解除托管合约，最终损害自身的利益。即使托管人的监督举报迫使原基金管理人丧失基金管理人资格，如果在六个月内没有新基金管理人接任，按照我国《基金法》规定，基金只能终止，基金托管人也因此无法继续获得托管收益；如果六个月内有新的基金管理人接任，新任的基金管理人也未必会将基金托管业务让与该商业银行。因此，理性的基金托管人很难会真正行使其监督权。

以上分析表明，在制度设计上原本应该代表投资者利益对基金管理人进行监督的托管人反倒倒戈成为了其监管对象的利益附属者。这种基金托管人独立地位的丧失和对基金管理人的利益依附关系是导致我国基金托管人缺位的重要原因。因此，要使托管人真正起到"有为而治"，关键是解决这两个问题。

3. 基金监管机构的监管不利

虽然我国的监管体制较以前有了很大改善，已经从最初的人民银行、证监会双重监管体制转为由证监会专门监管的体制，这对规范基金业运行秩序功不可没。但是，近些年基金行业违规行为的披露表明，证监会仍然没有充分发挥其监管作用，其监管工作仍然不能令人满意。其原因有三，第一，由于对基金监管的重点还仅仅停留在对基金行业门槛监管和业绩监管上，对基金运行中的信息披露以及对保护投资者利益等方面监管乏力；第二，由于证监会监管经验不足，缺乏先进的技术手段和高素质的管理人员，很难在众多的基金公司的操作运行中分辨良莠[104]；第三，为加速发展机构投资者促进我国资本市场发展，我国政府这些年来大力扶持基金行业，这就难免在基金公司违规后姑息，而这种姑息态度会助长整个基金公司违规操作的士气。这一点在深高速增发 A 股时的 47 家基金公司集体违规申购行为中表现得淋漓尽致。

2001 年年底，我国证券投资基金市场突然暴出 47 只基金集体违规，超过规定比例巨额申购深圳高速增发新股的事件。前任证监会基金部主任张景华对这起事件感到震怒，向各家基金经理发去一封措辞严厉的信函，谴责参与"深高速"巨额申购的基金公司："基金公司对于'取信于社会、取信于市场'的宗旨没有真正的理解"，"我对此感到十分震惊和愤懑"[102]。

按照当时《证券投资基金管理暂行办法》❶ 第 33 条第 2 款规定，一个基金持有一家上市公司的股票，不得超过该基金资产净值的10%"。而早在 2000 年 4 季度，安顺、安信基金就已经发生过违规超比例持有东方电子的事件；基金景博、景阳同期持有国电电力同样违规超购。之后，在 2001 年 3 月，对 10 家基金管理公司发布检查报告中，博时基金存在异常交易活动；长盛基金与大成基金的相关异常行为也超过平均水平。然而，上述种种行为并未见监管层采取切实行动加以制止。这样，本来制度的缺陷已经给了基金可乘之机，政府监管单位的不作为更让违规者有恃无恐，从某种角度上讲，这对基金违规事件起到了推动作用。[103]

---

❶ 2004 年 6 月 4 日我国证券监督管理委员会第 93 次主席办公会议审议通过的《证券投资基金运作管理办法》第三十一条同样规定了基金管理人运用基金财产进行证券投资，不得有 1 只基金持有 1 家上市公司的股票，其市值超过基金资产净值的 10% 的情形。

8.3 提高我国证券投资基金市场有效性的政策建议

以上基金行为虽然在短期内可以为基金管理人或者基金经理带来一些利益，但是这种违背委托人信赖义务的做法最终不仅仅会损害基金持有人的利益，也会损害包括基金管理人在内的市场参与各方的利益，不利于我国证券投资基金业的健康发展。为此，监管部门必须采取有效措施，提高基金市场的有效性。

8.3.1 防治我国证券投资基金羊群行为和业绩窗饰行为的政策建议

我国证券投资基金的许多非理性投资行为首先都源自基金外部环境的约束，即证券投资基金生态环境的限制。比如，证券市场宏微观信息披露不匹配，股票投资环境尤其是投资对象的缺乏，都加重了羊群行为；不科学的管理费收费制度和不健全的业绩评价体系在一定程度上诱导了业绩窗饰行为的发生。因此，通过一系列基金生态建设措施，完善基金市场基础制度建设，改善基金运作的外部环境约束，是防治我国证券投资基金羊群行为和业绩窗饰行为，保证基金理性投资、健康运作的关键。

1. 建立科学的基金管理人激励——约束机制

我国证券投资基金投资行为中，不论是羊群行为、窗饰行为、利益输送还是"老鼠仓"行为均涉及基金投资人与基金管理人的委托代理问题。因此，这些问题的解决需要建立良好的代理人激励约束机制。这其中首要的就是解决我国证券投资基金固定比例征收管理费的收取制度问题。

在固定比例征收管理费的收取制度下，业绩好的基金公司与业绩

差的基金公司，其管理费收入无法根据业绩区分，这不仅不利于市场
优胜劣汰机制的发挥，而且不利于形成基金管理人与投资者利益的一
致性，因此也不利于对投资者利益的保护。因而，改变目前不合理的
管理费收取方式，将基金业绩与基金管理人收入结合起来，从而使基
金管理人与基金投资人利益挂钩，强化基金管理人对基金投资人利益
保护的激励机制，就显得尤为迫切。[105]

为此，我们应当鼓励基金公司针对不同类型的投资人设计差异化
的收费制度。比如，对于以博取短期差价的投资者而言，其目的就是
通过高风险博取高收益，对这类投资者应当收取相对高的管理费。反
之，对于以长期投资为导向的基金投资人而言，基金合约中应当限制
其赎回时间（但要与封闭式基金相区分），并且将其长期业绩与基金管
理费相挂钩，采取浮动管理费模式，鼓励基金管理人从事长期的价值
投资。当然，基金公司也可以采取"固定 + 浮动"相结合的混合管理
费制度。这种管理费征收制度既克服了固定管理费制度将基金管理人
与基金投资人利益相割裂，从而加剧委托代理问题，又有效地激励了
基金管理人，而且这种模式还有效地避免了浮动管理费收入制度下基
金管理人收入严重依赖投资业绩从而承担巨大风险的弊病。

2. 提高微观信息披露"质量"，降低信息搜寻成本

我国证券市场上，上市公司微观信息披露不及时、不准确，无法
与频频发出的宏观政策信息匹配。因此我们要在减少不必要的政策干
预的同时，继续完善上市公司信息披露制度，增加信息的透明度，降
低信息不确定性和信息搜寻成本，严厉打击内幕信息交易行为，从信
息源头上减少市场羊群行为发生的概率。

3. 完善市场做空机制，丰富市场投资工具

由于我国股市股指期货市场对证券投资基金持仓的限制，以及缺
乏单只股票作为标的的股票期货，我国证券投资基金无法利用股指期

货规避系统风险、锁定收益，消除系统性风险下的羊群行为。因此，我们还需要继续完善市场做空机制，丰富市场投资工具，只有如此才能避免基金由于缺乏投资工具，无法锁定收益、规避风险而采用羊群策略来抱团取暖的行为。如果我们完善了市场做空机制，当股市出现系统性风险的时候，基金公司就可以利用股指期货、股票期货来锁定收益控制风险，而无需恐慌性集体抛售，基金投资人也就不会受市场情绪的影响赎回基金，迫使基金集体抛售套现。

4. 完善退市制度，提高上市公司总体质量，改善证券投资基金的投资环境

尽管我国已经有 2000 多家上市公司，但由于历史原因和地方保护等原因，我国上市公司退市难，市场无法发挥优胜劣汰的作用，导致我国上市公司总体质量偏低。在这样的投资环境中，由于业绩优良上市公司的有限性必然导致大量的基金追逐少量优秀上市公司的现象。因此，我们不仅应当鼓励优质的公司加入到上市公司行列，同时应当完善退市制度，提高上市公司整体质量，拓宽证券投资基金投资渠道，从而有效降低基金羊群行为度。

5. 规范基金评级，制定科学的基金绩效评估指标体系

在上文中对我国基金羊群行为和业绩窗饰行为的原因分析中，我们发现无论是证券投资基金的羊群行为还是业绩窗饰行为均与我国不科学的基金业绩评价体系有关。短期化、单一化的基金绩效评估指标体系不仅迫使基金经理放弃长期价值投资理念而采取跟随策略，而且也成为基金窗饰业绩的直接动因。因此，我们应当在发展股票市场的同时注重建立全国统一的基金信用评级体系。应当指定具有相当专业水平和影响力的独立中介机构，根据基金长期运作绩效，综合考虑基金长期、中期、短期的盈利性、风险程度、流动性和安全性等指标，建立符合我国国情的基金绩效评价体系。同时禁止市场中鱼龙混杂的

各类商业评比，从而消除基金为追逐短期利益而进行的非理性投资行为。

8.3.2　防治我国证券投资基金利益输送和"老鼠仓"行为的政策建议

1. 提高我国证券投资基金内部监管的有效性

目前，我国证券投资基金公司治理存在基金管理公司股权结构不合理，基金托管人制度存在重大缺陷，基金份额持有人大会制度虚置等问题。这些公司治理方面的缺陷成为我国证券投资基金利益输送、"老鼠仓"行为频发的重要原因。

（1）改革基金管理公司的股权结构，降低内部人控制风险

基金管理公司进行利益输送的关键原因之一就是由于基金管理公司存在内部人控制所导致的基金人格不独立问题。对此，我们可以采取分散股权结构、扩大基金公司股东范围和建立基金管理公司员工持股制度等措施实现股权结构的多元化和分散化。这些基金管理公司股权结构改革的措施可以减少个别大股东对基金管理公司的直接干预，从而有利于规避基金公司向有关利益方进行利益输送的行为。同时，我们也可以借鉴发达国家经验，提高独立董事在基金董事会中的比例，以此来强化独立董事的监管职能，充分发挥"好人举手"制度的作用。[106]

（2）改革现行证券投资基金托管人制度，提高托管人监督效率

目前我国证券投资基金托管人制度形同虚设，主要源于以下两个原因。第一，基金托管人是由作为基金发起人的基金管理公司选取的，这就决定了我国基金托管人独立地位的丧失；第二，基金托管人利益与基金管理人存在依附关系。针对以上问题，我们首先应当重新修订《中华人民共和国证券投资基金法》中关于基金托管人选取的规定。证

券投资基金托管人的选取可以考虑由独立于基金实际控制人的第三方，例如，由证监会、交易所指定具有一定管理条件的商业银行为基金托管人。这样由第三方制定的基金托管人既解决了基金托管人地位的不独立的问题，又消除了基金托管人对某一基金管理人的利益依附关系。从而有效预防基金实际控制人对托管人的监管行为的约束。

（3）改革我国基金份额持有人大会制度，完善基金份额持有人监督机制

基金份额持有人是基金市场中的最终委托人，不存在进一步的代理问题。但是由于基金份额持有人大会的内部人控制问题、中小基金份额持有人搭便车和"理性冷漠"问题的存在，使得我国证券投资基金份额持有人大会虚置，中小基金份额持有人无法有效发挥其表决权和监督权。

"智猪博弈"模型的分析告诉我们，大量引入机构投资者，是解决基金份额持有人大会虚置问题的有效方法之一。除引入机构投资者之外，还可以通过模仿上市公司投票权代理机制，建立基金投票权征集和代理制度。基金投票权的征集与代理制度是指特定基金持有人以及其他人，通过发起代理投票权的征集邀约，征集投票权，并代理投票权委托人持有并集中行使权利的一种制度[107]。基金投票权的征集与代理制度可以将中小基金份额持有人的投票权委托给某代理人集中行使。这种基金投票权代理制度可以降低监督成本，提高基金治理效率，有效解决中小基金份额持有人"理性冷漠"和搭便车所引起的对基金管理人和基金托管人监管缺位的问题。

2. 提高我国证券投资基金外部监管的有效性

（1）强化投资基金业的自律监管

我国证券投资基金业是政府主导型的监管模式。这种模式主要是通过制定一整套完善的法律法规，由专门的管理机构（如证监会派出

机构）对包括基金业在内的证券市场进行集中统一监管。然而，由于证券市场管理具有技术性高、监管成本高昂，监管复杂等特征，单靠政府监管很难实现有效监管的目标。而包括证交所和证券业协会在内的自律组织通常与基金市场接触频繁，掌握信息相对充分，能够弥补政府监管效率不足的缺陷。

1）加强证券交易所对基金运作的监管力度

证券交易所是为证券市场参与主体提供发行、交易和信息披露等服务的场所，承担着对包括证券投资基金在内的证券运营活动的一线监管责任，其对基金业务的监管不仅包括基金投资人买卖基金行为的合法、合规性，而且负责对基金管理人投资活动进行监管。正是由于证券交易所具有一线监管的条件，能够对交易活动进行实时监控，容易在第一时间发现问题。因此，加强证券交易所对基金运作的监管力度，有助于发现和查处市场中存在的各种问题，充分发挥其作为证券交易第一道监管闸门的作用。[108]需要注意的是，为了激励交易所的监管活动，我们应当明确交易所的权责利关系，对于因监管不力而造成违法违规的行为承担相应责任，从而加强其对监管目标的监管力度。

2）强化我国证券业协会的行业自律监管

由于我国证券基金业的政府监管部门人力物力有限，而且现有人员也多忙于繁重的审批审核事务，缺乏足够的精力对基金日常运作进行监管，而基金行业自律组织具有丰富的专业知识，熟悉基金市场运行规则，熟知竞争中存在的各种违法违规行为，因此基金行业自律组织能够机敏地发现市场中的各种异常行为，提高市场监管效率，降低基金监管成本。因此，对基金行业日常运转的监管需要自律组织的协助。[109]此外，随着证券投资基金市场的发展，必然出现法律法规相对滞后，无法跟得上新生事物发展的矛盾，而行业自律组织则可以有效解决这一问题。因此我们应当考虑提高基金行业自律组织的权威性，赋予其一定的监管权限，发挥其行业自律、自我管理的作用。从历史上看，凡是证券投资基金市场发达的国家和地区，其行业自律组织的活动也都非常活跃，对基金业的健康发展起到了良好的促进作用。[110]

我国证券投资基金业正处于超常规发展时期，各种违法违规行为屡禁不止。为维护证券投资基金业的利益，我国于2002年12月成立了中国证券业协会证券投资基金业委员会，用以加强我国证券投资基金行业自律。但是我们也应当清醒地认识到，行业自律的完善需要经验积累的过程，我国基金行业自律组织对行业的监管活动还需进一步加强。

（2）利用媒体优势，加强对我国证券投资基金的监督

媒体对证券投资基金行为的监督具有一般社会监督所不具有的便利条件和影响力。首先，媒体具有对当事人采访的权利和自由，能够获得一般人员无法获知的信息。其次，财经类媒体工作人员具备一定的相关专业知识和采访技巧，能够深入挖掘非专业人士无法了解到的信息。最后，媒体对证券投资基金的监督不仅体现在其信息获取、分析优势上，而且媒体作为信息的载体，其社会影响力也远远超过了一般的社会监督。2000年《财经》杂志揭露的"基金黑幕"现象就曾经引起我国社会各界尤其是监管当局的高度关注，也为我国证券投资基金监管部门对基金违法违规行为的监管提供了很多重要线索，充分体现了媒体对证券投资基金行为监督的巨大影响力。

由此可见，媒体监督可以大大提高基金监管的效率。因此，我们应当继续从法律上保障媒体拥有的正当的报道权与批评权，同时注重提高现有新闻从业人员的财经知识水平，通过吸收财经类专业的学生和吸引金融相关行业人才充实新闻队伍，平衡和完善其知识结构，以增强对我国证券投资基金的监管效率。

（3）提高政府的监管能力

1）加强监管机构的声誉机制建设

博弈分析中我们发现提高市场监管效力的关键不仅在于加强对被监管者本身的监管，而且在于加强基金监管机构声誉机制建设，提高其滥用职权或渎职的声誉损失。因此，为提高我国证券投资基金监管效率，促使基金市场健康稳定发展，我们必须加强金融市场声誉机制建设，从而激励监管机构恪尽职守，震慑基金管理人的不法行为。

2）大力推进金融监管的信息化建设，降低监管的成本和难度

上文分析中我们还得出一个结论，降低机构监管的成本和难度，是提高基金监管机构监管效率的关键。因此，我们应当加快推进金融监管信息化建设，降低基金监管难度和成本，从而提高对基金管理人违规行为监管的效率，使我国的证券投资基金监管制度得到更加有效的贯彻，促使我国证券投资基金市场的健康发展。

参考文献

［1］ 中国证券业协会编. 证券投资基金［M］. 北京：中国财政经济出版社，2008：1－3.

［2］ Keynes, J. M. The General Theory of Employment, Interest and Money［M］. London：Macmillan, 1936.

［3］ Banerjee. A Simple Model of Herd Behavior［J］. Quarterly Joural of Economics, 1992：797－817.

［4］ Bikhchandani, Hirshleifer and Welch. A Theory of Fads, Fashion, Custom and Cultural Change as Informational Cascade［J］. Journal of Political Economy, 1992：992－1026.

［5］ Scharfstein D S, and Stein J C. Herd Behavior and Investment［J］. American Economic Review, 1990：465－479.

［6］ Harry M. Markowitz. Portfolio Selection［J］. Journal of Finance, 1952（7）：77－91.

［7］ William F. Sharpe. Capital Asset Prices：A Theory of Market Equilibrium under Conditions of Risk［J］. Journal of Finance, 1964（19）：425－442.

［8］ Stephen A. Ross. The Arbitrage Theory of Capital Asset Pricing［J］. Journal of Economic Theory, 1976（13）：341－360.

［9］ Black F, Scholes M. The Pricing of Options and Corporate liabilities［J］. Journal of Political Economy, 1973（81）：637－659.

［10］ Merton R C. The Theory of Rational Option Pricing［J］. Bell Journal of Economics and Management Science, 1973（4）：141－183.

［11］ Bikhchandani, S., Hirshleifer, D., Welch, I.. A Theory of Fads, Fashion, Custom, and Cultural Change as Informational Cascades［J］. Journal of Political Economy, 1992（100）：992－1026.

［12］Chamley, C. Gale, D.. Information Revelation and Strategic Delay in a Model of Investment ［J］. Econometrica, 1994 （62）: 1065 – 1085.

［13］Orlean. A. Bayesian Interactions and Collective Dynamics of Opinion: Herd Behavior and Mimetic Contagion ［J］. Journal of Economic Behavior and Organization, 1995 （28）: 257 – 274.

［14］Maug, Naik. Herding and Delegated Portofolio Management: The Impact of Relative Performance Evaluation on Asset Allocation ［J］. Working Paper, 1995.

［15］Keynes, J. M. The General Theory of Employment, Interest and Money ［M］. New York and London: Harcourt Brace and Co. , 1936.

［16］Scharf stein, D. , J. Stein. Herd Behavior and Investment ［J］. A Merican Economic Review, 1990, 80 （3）: 465 – 479.

［17］Thaler, R. H.. Advances in Behavioral Finance ［M］. New York: Russell Sage Foundation, 1993.

［18］Olsen, RA.. Behavioral Finance and its Implications for Stock Price Volatility ［J］. Financial Analysts Journal, 1998: 10 – 18.

［19］Lintner, G.. Behavioral Finance: Why Investors Make Bad Decisions ［J］. The Planner, 1998, 13 （1）: 7 – 8.

［20］Statman, Meir. Behavioral Finance: Past Battles and Future Engagements ［J］. Financial Analysts Journal, 1999: 18 – 27.

［21］Russell J. Fuller. Behavioral Finance and the Sources of Alpha ［J］. CFA, 2000 （2）.

［22］Hsee, Christopher K.. Myopic Maximization: Medium Effect in Decision – making, working paper, Graduate School of Business, University of Chicago, 2000.

［23］Thaler, R. H.. Seasonal Movements in Security Price II: Weekend, Holiday, Turn of the Month and Intraday Effects ［J］. Journal of Economic Perspectives, 1987, 1 （1）: 169 – 177.

［24］Thaler, R. H.. The End of Behavioral Finance ［J］. Financial Analysts Journal, 1999: 18 – 27.

［25］ Shiller, R. J.. Market Volatility ［M］. Cambridge, MA: MIT Press, 1989.

［26］ Shiller, R. J.. Irrational Exuberance ［M］. Princeton, NJ: Princeton University Press, 2000.

［27］ Shefrin Hersh, Meir Statman. Behavioral Capital Asset Pricing Theory ［J］. Journal of Financial and Quantitative Analysis, 1994 (29): 323 – 349.

［28］ Shefrin Hersh, Meir Statman. Behavioral Portfolio Theory ［J］. Journal of Financial and Quantitative Analysis, 2000 (35): 127 – 151.

［29］ Shleifer, A. and Summers L.. The Noise Trader Approsch to finance ［J］. Journal of Econometrics, 1990, 4 (2): 19 – 23.

［30］ Shleifer, A. and R. Vishny. The Limits to Arbitrage ［J］. Journal of Finance, 1997 (52): 35 – 55.

［31］ Odean, T.. Are Investors Reluctant to Realize their Losses? ［J］. Journal of Finance, 1998 (53): 1775 – 1798.

［32］ Kim, M. and JR Ritter. Valuing IPOs ［J］. Journal of Financial Economics, 1999 (53): 409 – 437.

［33］ Shleifer, Andrei. Inefficient Markets: An Introduction to Behavioral Finance ［M］. Oxford: Oxford University Press, 2000.

［34］ Kahneman, D. and Mark W. Ripe. Aspects of Investor Psychology: Beliefs, Preferences, and Biases Investments Advisors Should Know about ［J］. Journal of Portfolio Management, 1998 (24): 4.

［35］ De Long, JB, A. Shleifer, LH Summers and RJ Waldman. Noise Trader Risk in Financial Markets. Journal of Political Economy, 1990 (98): 703 – 738.

［36］ Allais, Maurice. Le comportement de i'homme rationnel devant le risque, critique des postulats et axiomes de l'ecole Americaine ［J］. Econometrica, 1953 (21): 503 – 546.

［37］ Machina, M.. Choice under Uncertainty: Problem Solved and Unsolved ［J］. Journal of Economic Perspectives, 1987 (1): 124 – 154.

［38］ Kahneman, Daniel, Amos Tversky. Prospect Theory: An Analysis of Decision under Risk ［J］. Econometrica, 1979 (47): 263 – 291.

［39］ Lichtenstein S, Slovic P. Reversals of Preference between Bid and Choice in Gambling Decision ［J］. Journal of Experimental Psychology, 1971 (89): 46 – 45.

［40］ Tversky, A. and R. H. Thaler. Anomalies: Preference Reversals ［J］. Journal of Economic Perspectives, 1990 (4): 201 – 211.

［41］ Grether, David M. and Charles R. Plott. Economic Theory of Choice and the Preference Reversal Phenomenon ［J］. American Economic Review, 1979 (69): 623 – 638.

［42］ Scharfstein D S, Stein J C. Herd Behavior and Investment ［J］. American Economic Review, 1990: 465 – 479.

［43］ Kahneman, Daniel, Amos Tversky. On the Psychology of Prediction ［J］. Psychological Review, 1973 (80): 237 – 251.

［44］ Tversky A. , D. Kahneman. Judgement under Uncertainty: Heuristics and Biases ［J］. Science, 1974 (185): 1124 – 1131.

［45］ Festinger, L. . A Theory of Cognitive Dissonance ［M］. Stanford, CA: Stanford University Press, 1957.

［46］ Bikhchandani, Hirshleifer and Welch. A Theory of Fads, Fashion, Custom and Cultural Change as Informational Cascade ［J］. Journal of Political Economy, 1992: 992 – 1026.

［47］ Lakonishok, Shleifer and Vishny. The Impact of Intitutional Trading on Stock Prices ［J］. Journal of Financial Economics, 1992 (82): 23 – 43.

［48］ Grinblatt, Mark, Sherridan Titman, Russ Wermers. Momentum Investment Strategics, Protfolio Perfermance, and Herding: A Study of Mutual Fund Behavior ［J］. Amerrican Economic Review, 1995 (85): 1088 – 1105.

［49］ Nofsinger J, Sias R W. Herding and Feedback Trading by Institutional and Individual Investors ［J］. Journal of Finance, 1999 (54): 2263 – 2295.

［50］ Wermers, Russ. Mutual Fund Herding and the Impact on Stock Prices ［J］. Journal of Finance, 1999.

［51］Mark M. , Carhart, Ron Kaniel, David K. Musto, Adam V. Reen. Leaning for the Tape: Evidence of Gaming Behavior in Equity Mutual Funds ［J］. Journal of Finance, 2002, 4 (2): 661 –693.

［52］Ariel, Robert A. . A Monthly Effect in Stock Returns ［J］. Journal of Financial Economics, 1987 (18): 161 –174.

［53］Harris, Lawrence. A Day – end Transaction Price Anomaly ［J］. Journal of Financial and Quantitative Analysis, 1989 (24): 9 –45.

［54］Zweig, Jason. Watch out for the Year – end Fund Flimflam ［J］. Money Magazine, 1997 (11): 130 –133.

［55］Atiken M. , Comertonforder C. . Opening the Curtain on Window Dressing ［M］. The Handbook of World Stock. Derivative and Commodity Exchange, 2002.

［56］Meier I. , Schaumburg, E. . Do Funds Window Dress? Evidence for U. S. Equity Mutual Funds ［J］. Working paper. Northwestern University, 2006.

［57］Elton J. E. , Gruber J. M. , Blake R. C. , Krasny Y. , Ozelge S. . The Effect of the Frequency of Holdings Data on Conclusions About Mutual Fund Management Behavior ［J］. Working paper, 2009.

［58］Johnson, Simon, Rafael LaPort, Florencio Lopezde Silanes, Andrei Shleifer. Tunnelling ［J］. American Economic Review, 2000, 90 (2): 22 –27.

［59］Gaspar, Jose – Migue, l Massimo Massa, PedroMatos. Favoritism in Mutual Fund Families? Evidence on Strategic Cross – Fund Subsidization ［J］. Journal of Finance, 2006 (61): 73 –104.

［60］Dutta P K, Madhavan A. . Competition and Collusion Indealer Markets ［J］. The Journal of Finance, 1997, 52 (1): 245 –276.

［61］Cornell B, Roll R. . A Delegated Agent Asset – pricingmodel ［J］. Financial Analysts Journal, 2005, 61 (1): 57 –69.

［62］Allen F. Do Financial Institutions Matter? ［J］. The Journal of Finance, 2001, 56 (4): 1165 –1175.

［63］Kyle A. Continuous Auctions and Insider Trading ［J］. Econometrica, 1985, 53:

1315 – 1335.

［64］Allen F，Gale D. . Stock Price Manipulation ［J］. The Review of Financial Studies，1992（5）：503 – 529.

［65］施东晖. 证券投资基金的交易行为及其市场影响 ［J］. 世界经济，2001（10）.

［66］陈浩. 中国股票市场机构投资者羊群行为实证研究 ［J］. 南开经济研究，2004（2）：91 – 94.

［67］吴福龙，曾勇，唐小我. 中国证券投资基金羊群行为的进一步研究 ［J］. 中国管理科学，2004（8）.

［68］伍旭川，何鹏. 中国开放式基金羊群行为分析 ［J］. 金融研究，2005（5）.

［69］祁斌，袁克，胡倩，周春生. 我国证券投资基金羊群行为的实证研究 ［J］. 基金研究，2006（12）：49 – 57.

［70］盛军锋，李善民，汤大杰. 中国证券投资基金羊群行为：基于 Lsv 模型的实证研究 ［J］. 金融发展研究，2008（5）.

［71］崔巍. 投资者的羊群行为分析——风险回避下的 BHW 模型 ［J］. 金融研究，2009（4）：120 – 128.

［72］陈国进，陶可. 机构、个人投资者羊群行为差异研究 ［J］. 山西财经大学学报，2010（10）：57 – 64.

［73］刘凤元，孙培元，陈启欢. 上海市场股票收盘价格的窗饰效应研究 ［J］. 证券市场导报，2003（10）：65 – 69.

［74］刘凤元，陈俊芳. 换月效应的窗饰解释：基于上海市场的实证 ［J］. 数量经济技术经济研究，2004（3）：149 – 154.

［75］吴启芳，汪寿阳. 中国证券市场指数的日历末效应分析 ［J］. 管理评论，2004（12）：3 – 9.

［76］赵秀娟，吴启芳，汪寿阳，开放式基金净值增长率被拉升了吗？——中国证券市场日历效应检验 ［J］. 中国管理科学，2006（4）：13 – 18.

［77］邹戈. 开放式股票型基金饰窗效应的实证研究 ［J］. 科学技术与工程，2009（1）：525 – 527.

[78] 赵家敏，严雄. 中国股票市场换月效应及其成因的实证研究［J］. 南方经济，2010（2）：42-51.

[79] 孙健芳，申兴，郭宏超. 基金利益输送调查［N］. 经济观察报，2005（11）.

[80] 秦洪. 基金利益输送渠道被切断［N］. 城市快报，2007（2）.

[81] 赵迪. 基金利益输送链调查［J］. 股市动态分析，2009（9）.

[82] 张婷. 我国基金业绩操纵和利益输送问题研究［J］. 经济纵横，2010（5）.

[83] 倪受彬. 基金黑幕的法律规制——以"上投摩根老鼠仓"事件为例［J］. 检查风云，2007（12）：28-29.

[84] 周仁才，吴冲锋. 存在老鼠仓时证券市场多方博弈分析［J］. 系统管理学报，2009（10）：487-491.

[85] 刘芳芳，周洪文. 基于博弈论的基金监管制度分析——对"老鼠仓"现象的思考［J］. 金融与经济，2010（4）：53-55.

[86] 平湖，李菁. 基金黑幕——关于基金行为的研究报告解析［J］. 财经，2000（10）.

[87] ［美］滋维·博迪亚历，克斯·凯恩，艾伦·J. 马库斯. 投资学［M］. 机械工业出版社，2000.

[88] 王苏生. 证券投资基金管理人的责任［M］. 北京：北京大学出版社，2001.

[89] 李克强. 开放式基金治理结构问题研究［J］. 河北师范大学学报（哲学社会科学版），2004（3）.

[90] 开户数跳水，"老鼠仓"吓退新基民［DB］//鸿波网. http://www.imhb. cn/ Channel/content/2007/200705/20070519/228181. html.

[91] 根据凤凰财经网：http://finance. ifeng. com/news/20110125/3294640. shtml，《三基金经理老鼠仓审判出结果 韩刚入狱五年》资料整理.

[92] 韩建新. 信息经济学［M］. 北京：北京图书馆出版社，2000.

[93] 张军. 高级微观经济学［M］. 上海：复旦大学出版社，2002：277.

[94] Akerlof, George A.. The Market For "Lemon"：Quality Uncertainty and the Market Mechanism［J］. Quarterly Journal of Economics，1970：488-500.

［95］张维迎．博弈论与信息经济学［M］．1996．

［96］Chang, Eric C. , Joseph W. Cheng, Ajay Khorana. An Examination of Herd Behavior in – Equity Markets: An International Perspective［J］. Journal of Banking and Finance, 2000, 10 (24): 1651 – 1679.

［97］张伟湘．105 家机构暴跌前夜逃遁我国平安困［N］．理财周报．

［98］频繁"出走"的基金经理们［N］．扬子晚报，2010 – 09 – 30．

［99］陈三梅．证券投资基金管理费用的实证分析［J］．商业研究，2006（6）．

［100］巴曙松，王文强，徐盛发．我国基金治理架构缺陷［R］．北京：国务院发展研究中心，2007（6）．

［101］吴亮，吴绍辉．印度基金受托人的独立性与我国基金托管人制度创新［J］．亚太经济，2002（4）：21 – 24．

［102］基金业再爆"黑幕"证监会基金部主任张景华拍案而起［DB］//经济参考报．http://news. sohu. com/41/23/news147622341. shtml, 2002 – 01 – 09．

［103］苗李．基金违规背后的监管漏洞［N］．青年报，2002 – 02 – 03．

［104］李东方．政府监管的缺陷与证券监管的适度性分析［J］．现代法学，2002（4）：154．

［105］汪军明．我国证券投资基金的制度缺陷及对策研究［J］．皖西学院学报，2005（2）．

［106］安丽娜．对我国基金监管的分析与建议［J］．商业经济，2006（1）：51 – 53．

［107］白淑云．论证券投资基金在股市稳定中的作用［J］．北方经济，2006（13）：20．

［108］阚路．我国证券投资基金业监管体系的构建［J］．市场论坛，2006（2）：75．

［109］戴志敏，姜宇霏．刍议中国基金业规范化发展的自律模式［J］．商业研究，2003（276）：113 – 114．

［110］朱姝．我国投资基金监管体制研究［J］．长沙铁道学院学报（社会科学版），2005, 6（2）：66．

后 记

三年的光阴一瞬即逝，博士论文真正停笔，望着书桌上厚厚的参考资料和十余万字的"成果"，释然之余有一种轻飘的怅然。

2008年我有幸考入中央财经大学，有幸投身于我国著名金融专家贺强教授门下，实乃人生一大幸事。衷心感谢我的导师贺强教授！从论文选题到框架搭建，从撰写修改到最终成稿，贺老师无不尽心指导。贺老师严谨求实的治学态度、精益求精的工作作风，谦逊、宽容豁达的处事风格，一直深深地感染和熏陶着我。在今后的人生道路上，我将牢记恩师的教诲，努力进取。

在攻读博士学位期间，系统学习了李健教授、张礼卿教授、吴念鲁教授等开设的课程，增强了我对经济学和金融知识的理解，获益良多，在此深表感谢！感谢班主任张鹏老师！感谢金融学院所有老师的教诲！

感谢张碧琼教授、吴念鲁教授、李建军教授、王汀汀教授和应展宇教授在开题和预答辩中给予的宝贵意见，使我茅塞顿开，得以突破研究的瓶颈，顺利完成博士论文的写作。感谢中国银行的王元龙研究员，中国社科院数量经济与技术经济研究所的何德旭研究员，中国社科院金融研究所的王松奇教授，中央财经大学的张碧琼教授和应展宇教授对我论文的评阅及给予的修改意见！感谢中国人民大学的沈伟基教授，中国银行的王元龙研究员，中央财经大学的张礼卿教授、李健教授和李建军教授参加我的论文答辩，几位教授所提出的问题、意见以及精辟的见解使我受益良多，并指明了进一步研究我国证券投资基

180

金行为问题的方向。

感谢我的硕士导师张燕教授长期以来的关心和帮助！如果说贺老师使我明白了厚德载物，张老师则让我理解了自强不息。正是张老师的教诲为我打下了良好的经济学理论基础，正是张老师的鼓励让我持之以恒考入了中央财经大学。从2003年师从张老师至今已有八年的师生之谊。八年，足以使任何的情感融为浓浓的亲情。唯有加倍的努力才能不辜负张老师之期望！

在中财的三年，结识了一群怀揣梦想的学子，为了相同或类似的目标，有缘走到了一起并结下了深厚的友谊。感谢我的同门何长松博士、李靖博士、王凡博士、杨长汉博士、李佳博士！三年间，我们共同面对每个人前进中的困难，共同品味每个人收获的喜悦，永远记得那些彻夜长谈和酒后谈心的日子，手足之情亦不过如此。感谢黄志刚博士、何立道博士、肖太寿博士、路春诚博士、解玉平博士、李勤习博士、丁焕强博士以及来自宝岛台湾的游惠光博士……在日常的学习生活中、在博士论文的写作过程中，一次次的讨论和辩论所迸发出的火花使博士论文得以顺利完成，使我的思想得到了一次次的升华。浓浓的同窗之谊是我中财三年得到的最宝贵的财富！

年过而立，正值承担家庭责任之际，却花三年时间离家求学，各种矛盾导致的内心煎熬非亲历者不能体会。深深地感谢我的父母！为了我能安心读书，他们仍然以羸弱的身体坚持着常人无法忍受的重活，不仅帮我在繁重的毕业论文撰写期间节约了一些宝贵的时间，更向我言传身教了坚强的含义。感谢我的妻子阿永嘎女士多年来的坚定支持和对家庭的付出，妻子贤惠大方、不甘下游，在我读博期间也从未停止过追求上进并最终考入了中央财经大学。娶妻如此，今生一大幸事！感谢我的哥哥多年来对我的鼓励和对我学业上的支持！家人太多的付出我无以为报，此书算是献给家人的礼物，聊以慰藉。

离开中财的日子越来越近，总想写点什么记录下三年的点点滴滴，却不知从何处下笔。中央财经大学"龙马担乾坤"的主题雕像依然屹立在学校校门区广场中央，预示着走向四方的中财学子有龙之触天之才与马之腾跃四方之志。站在雕像前面，脑海中总是闪现出《易经》中的一句话"天行健，君子以自强不息；地势坤，君子以厚德载物"。

　　是为记！

李奇泽

2011 年 5 月于中财